來場小旅行
犒賞努力的自己

ことりっぷ co-Trip
世界小伴旅

歡迎來到
河內
峴港

今天辛苦了，
最近一定累積了許多疲勞吧？
這種時候，不妨來一趟小旅行。
給自己一段時間，忘記瑣事，放空充電
說不定旅行的某個轉角，會發生讓心情變好的事，
成為明天的動力喔！

那就出發囉

人人出版

抵達河內、峴港之後……

那麼，接下來要做什麼？

擁有「東方巴黎」之稱的越南首都——河內，
以及正在迅速發展的中部度假勝地——峴港，
盡情體驗當地的歷史風情和療癒景點吧！

抵達河內後，首先去購物。逛逛老城區或大教堂一帶，
看看可愛的雜貨。肚子餓的話，就試試河粉或當地點心
吧？抵達峴港後，推薦在度假飯店或海邊度過難得的悠
閒時光，讓自己好好被療癒。

佇立於還劍湖當中的玉山祠，是河內
當地人的療癒景點 ➡ **P.52**

check list

☐ 老城區散步 ➡ **P.18**

☐ 在嚮往的飯店度過美好的午後時光 ➡ **P.44**

☐ 獎勵自己一次奢侈的SPA ➡ **P.46**

☐ 還劍湖散步 ➡ **P.52**

☐ 到胡志明主席陵進行歷史巡禮 ➡ **P.56**

☐ 身心放鬆體驗 ➡ **P.72**

☐ 欣賞傳統水上木偶劇或
　歌籌表演 ➡ **P.74**

☐ 遊覽下龍灣的世界遺產 ➡ **P.76**

☐ 從河內前往藝術之都 ➡ **P.78**

☐ 前往中越 ➡ **P.84**

胡志明故居周邊可見到許多殖民風建
築 ➡ **P.56**

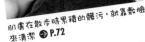

肌膚在散步時累積的髒污，就靠敷臉
來清潔 ➡ **P.72**

弦樂器哀切的曲調與歌聲，越南傳統
歌籌攫獲人心 ➡ **P.75**

因海上絲路而繁盛一時的會安，充滿
懷舊的風景令人感動 ➡ **P.98**

到下龍灣欣賞當由奇岩交織組成的奇幻
風景吧 ➡ **P.76**

抵達河內、峴港之後……

要吃點什麼？

從必吃料理到特色美食，
請務必享受屬於河內與峴港的好滋味，
也別錯過美味的當地甜點。

除了發源於河內的河粉，以及繽紛鮮豔的越式春捲，也務必要嚐嚐北越家庭料理，與調味符合外國人胃口的名菜「海南雞飯」等美食，晚餐則推薦法式餐廳。又或者去漂亮的咖啡廳，喝杯蓮花茶稍作休息，也很有越南風格喔。

有點疲憊時就會想吃甜食，越南的甜點是溫和甜味 ➡ P.42

check list

☐ 道地的河內河粉 ➡ P.32	☐ 來訪多次的人不妨嘗試米線 ➡ P.64
☐ 繽紛的越南春捲也很美味 ➡ P.34	☐ 享受峴港的咖啡和美食 ➡ P.92
☐ 大啖北越家庭料理 ➡ P.36	
☐ 享受現代法式越南料理 ➡ P.38	
☐ 當地絕品甜點 ➡ P.42	
☐ 有點餓的時候就吃小零食 ➡ P.50	

螃蟹火鍋的味道令人好奇，盡情享受北越家庭料理的吧！➡ P.36

在咖啡廳享受悠閒的同時，感受老城區氛圍 ➡ P.40

要買些什麼呢？

手工刺繡和少數民族的紡織品——
河內有著豐富的精緻手作文化。
峴港則是高級雜貨的寶庫。

河內市區有販售越南雜貨的店鋪，大教堂周邊則有精品雜貨店，老城區更是值得挖寶，喜歡購物的人一定要去。峴港也有許多美麗的商品，無論是雜貨還是充滿越南風情的零食，各式喜好一次滿足！

北越少數民族的特色商品，只有河內才有 ➡ P.24

在老城區要保持雷達靈敏，開始尋寶囉 ➡ P.18

check list

☐ 越南雜貨 ➡ P.20	☐ MADE IN VETNAM的伴手禮 ➡ P.28
☐ 少數民族雜貨 ➡ P.24	☐ 手作材料 ➡ P.60

ことりっぷ co-Trip 世界小伴旅

河內
峴港

Contents

大略介紹一下河內和峴港⋯⋯⋯8

到河內和附近的峴港、中部城市旅遊吧⋯⋯⋯10

首先用河內的必去景點塞滿行程

介紹一下河內的街道⋯⋯⋯14

美味與可愛兼得的河內，前往郊區造訪世界遺產⋯⋯⋯16

●體驗在巷弄裡迷路－漫步在老城區⋯⋯⋯18

●迷上可愛的越南雜貨⋯⋯⋯20

●超多好品味的店鋪，令人流連忘返的三條街⋯⋯⋯22

●介紹少數民族充滿魅力的工藝品⋯⋯⋯24

●同時也要關注活躍於越南的歐洲設計師⋯⋯⋯26

●買些越南製造的特色伴手禮送給重要的人⋯⋯⋯28

●來到越南必吃河粉，一起享用道地美味⋯⋯⋯32

●吃遍河內的春捲美食店⋯⋯⋯34

●在河內必吃的北越風味，精選家庭料理餐廳⋯⋯⋯36

●讓人想盛裝出席的法式餐廳⋯⋯⋯38

●逛街途中想喘口氣就到當地咖啡廳小憩⋯⋯⋯40

●跟著河內女孩一起吃美味的當地甜點♥⋯⋯⋯42

●在河內索菲特大都市飯店滿足少女心⋯⋯⋯44

●消除日積月累的疲勞，用奢侈的SPA犒賞自己⋯⋯⋯46

●沉醉於河內夜景與夕陽，河內高空酒吧⋯⋯⋯48

微深度旅遊 —— 用另一種方式玩河內

●尋找上相的風景，還劍湖攝影散步⋯⋯⋯52

●享受河內風情，在知名景點創造回憶⋯⋯⋯54

●感受越南歷史，胡志明主席陵周邊巡禮⋯⋯⋯56

●現在最熱門的地方，XUAN DIEU街周邊購物之旅⋯⋯⋯58

●復古花布、鈕釦、緞帶，手作愛好者必走行程⋯⋯⋯60

●在超市發現可愛又實用的伴手禮⋯⋯⋯62

●不只河粉！老鳥不能錯過的BUN，在嘴裡炸開的多彩滋味⋯⋯⋯64

●融入當地人，嚐嚐當地美食吧⋯⋯⋯66

●在咖啡廳喝咖啡？在河內，喝茶才道地！⋯⋯⋯68

●談笑風生，吃飽喝足，河內女子會好去處⋯⋯⋯70

●景點&散步
●購物
●美食
●夜景
●美容
●娛樂
●住宿

●到市區SPA享受店家自製面膜，用腳底按摩恢復體力⋯⋯⋯72
●透過水上人偶劇和歌籌一窺河內的懷舊傷感氛圍⋯⋯⋯74
●充滿神祕傳說色彩的下龍灣巡禮⋯⋯⋯76
●體驗藝術之村，鉢塲陶器和東湖畫⋯⋯⋯78
●喚起少女心的時尚飯店⋯⋯⋯80

●舒服地度過旅遊時間，河內飯店精選⋯⋯⋯82

海邊度假勝地峴港，與感受歷史風情的中越城市

大略地介紹一下峴港和中越城市⋯⋯⋯84
在度假勝地和列為世界遺產城鎮的
三個都市間，度過療癒身心的4天3夜行程⋯⋯⋯86
●峴港假期，入住心馳神往的度假勝地飯店⋯⋯⋯88
●首先是必去的觀光景點，新舊交會的峴港景點巡禮⋯⋯⋯90
●峴港的美麗咖啡廳和名產美食⋯⋯⋯92
●走訪中越代表性景點以及世界遺產⋯⋯⋯94
●歷史悠久的古都，在順化感受王宮文化⋯⋯⋯96
●充滿懷舊風情的街景，會安散步之旅⋯⋯⋯98

My Favorite 小伴旅推薦的河內小情報！⋯⋯⋯12
一吃就上癮的越南料理！完全公開其中奧祕⋯⋯30
河內小點心圖鑑⋯⋯⋯50

專欄

旅遊資訊

越南出入境資訊⋯⋯⋯100
河內旅遊建議⋯⋯⋯101
從機場前往河內市區⋯⋯⋯102
河內市交通資訊⋯⋯⋯104
河內基本資訊⋯⋯⋯106

Index⋯⋯⋯108

Ha Noi・Da Nang

大略介紹一下河內和峴港

越南國土為南北狹長型，首都河內位於北部，廣受歡迎的度假勝地峴港則位於中部。
兩處都以驚人的速度邁向現代化，但許多生活習慣如氣候、時差、物價等等……
皆與台灣有差異，以下將介紹基本資訊。

VIET NAM 基本資訊 Q&A

 飛行時間？

台北—河內直飛大約3小時30分鐘
從桃園機場飛往河內，直達班機大約3小時～3小時30分，往峴港的直達班機大約3小時，如中途需轉機，則要7～12小時以上。

和台灣的時差？

時差為1小時
越南的時間為台灣時間-1小時，因此，台灣中午12點就是越南上午11點。

 越南的官方語言？

官方語言是越南語
都市用英語、法語、日語也能通，飯店和商店也有會中文的工作人員。

 需要簽證嗎？

目前台灣人去越南必須持有效簽證
目前越南簽證有電子簽證（evisa）和紙本簽證，電子簽證有效期限最長90日，可提前線上申請，期間可單次或多次入境。護照期限應在入境日期後尚有6個月以上。

當地氣候如何？

四季氣候差異不大，冬天偶有寒冷的日子
越南整體屬高溫潮濕氣候，但國土南北狹長，河內和胡志明的氣候頗有差異。河內位於北越，12～

3月也會有低於10度的時候，6～8月則是濕熱的天氣，有時也會有豪大雨。峴港位於中越，全年屬溫暖氣候，3～8月的旱季是最佳旅遊時刻。如果想到海邊進行水上活動，推薦可在6～8月前往。

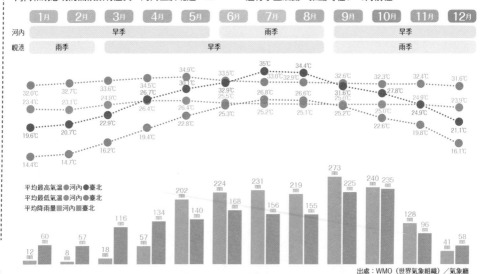

出處：WMO（世界氣象組織）／氣象廳

當地使用什麼貨幣，如何換錢？

越南使用的是VND

越南使用的是VND，最常用的是1000～50萬VND紙鈔，小額紙鈔和硬幣幾乎用不到。可在機場或市區銀行、兌幣所、飯店等處換錢。當地也有許多ATM，使用信用卡的預借服務也能領到現金。1萬VND約＝13元新台幣（2024年2月匯率）。

當地物價？

大約是台灣的0.6倍

以500ml的瓶裝水為例，大約在6000VND左右（約新台幣8元）。河粉一碗約新台幣100元上下，整體來說並沒有太大差距。超市和百貨公司是固定價格，市場則為議價制，需要和攤商討價還價。

需要付小費嗎？

餐廳和食堂基本上不用

根據觀光地的習慣，若餐廳或飯店這類，費用已包含服務費時，就不需要給小費。其他如門僮一般大約是2萬VND，美容或按摩服務則是5～10萬VND不等。

關於「旅遊險」的必要

目前越南出入境已無新冠肺炎的相關限制於與規定，但仍須遵守當地出入境、過境、居留相關法規。且若在當地感染確診，醫療費用非常高昂；再加上行程可能發生延誤、或是行李延誤遺失等等風險，仍建議評估購買符合需求的旅平險。

上廁所方便嗎？

請多加利用飯店和餐廳的廁所

飯店和高級餐廳的廁所比較乾淨，有些大眾餐廳的廁所可能沒有隔間。公共廁所只要在櫃台付2000VND左右就能使用，裡面沒有附衛生紙，有些地方甚至只能沖水清潔，所以請自備衛生紙。女廁標示為Nu，男廁為Nam。

外國人到當地該注意什麼？

小心政治國情相關言行

越南是社會主義國家，雖說觀光客可能會覺得這個國家較為開放不封閉，但部分場所仍有公安監視，請避免做出冒犯當地政治體制或國情的言行。另外，軍事設施等部分地區會標示禁止攝影，要特別注意。

越南歷史介紹

越南的歷史可追溯到紀元前，歷經中國、法國統治殖民、越戰等動盪不安的時代，現以社會主義國家獨立，為ASEAN成員國，是經濟發展的核心國家。首都河內不僅是政治、文化的中心，經濟發展也相當迅速，殖民時期建築等歷史遺跡也留存至今。事先瞭解越南在複雜的歷史下衍生出的多種文化，能為旅行帶來更多樂趣。

越南公眾假期

1月1日	新年
2月8～14日左右	Tet（農曆過年，除夕是9日）＊
4月18日	雄王節（雄王誕，農曆3月10日）＊
4月30日	勝利日（解放南方統一日）
5月1日	國際勞動節
9月2日	國慶日（獨立紀念日）

※2023年9月～2024年8月的陽曆日期。
※標示＊的條目依據每年農曆有所變動。
※Tet為年度最大假期，大部分的店鋪都休假，最好避開這段時間。

其他的河內基本資訊，請參考 P.106

到河內和附近的峴港、
中部城市旅遊吧

環繞著湖景與綠意的北越都市河內。
周邊還有下龍灣、鉢塲等，擁有世界遺產和多樣風情的城市，
或前往曾為越南重鎮的中越地區，來趟歷史巡禮也不錯。

擁有多種面貌的越南首都，
可以去充滿熱門商店的還劍湖周邊，
以及聚集各種職人的36條巷弄老城區。

河內
Ha Noi

想要去這裡！

老城區悠閒散步 **P.18**
與越南雜貨的邂逅 **P.20**
在還劍湖來場攝影之旅 **P.52**
現正熱門的
Xuan Dieu街 **P.58**

峴港

亞洲知名的海灘度假勝地。
瀚江周邊市區有市場及觀光景點，
也有漂亮的咖啡廳值得一訪。

中越・峴港
Da Nang/Central Vietnam

想要去這裡！

在嚮往的度假勝地飯店度假 **P.88**
峴港景點巡禮 **P.90**
漂亮的咖啡廳和名產美食 **P.92**
到順化感受王宮文化 **P.96**
懷舊風情的會安散步 **P.98**

會安

順化

老街市
沙壩市
河內
東湖
鉢塲
下龍灣
華閭
三古碧洞
海防市

北部灣
Gulf of Tongking

河內周邊

峰衙一幾榜國家公園

DMZ
(非軍事區)

中越·峴港

順化

會安

美山聖地

芽莊市
大叻市

美湫市

胡志明市
潘切市

美湫市

芹苴市
永隆省

南海
South China Sea

世界遺產下龍灣，
以及工匠城市鉢塲＆東湖，
河內周邊有許多充滿特色的小城市。

2 河內周邊
Around Ha Noi

想要去這裡！

下龍灣 **P.76**
鉢塲 **P.78**
東湖 **P.79**

東湖

下龍灣

鉢塲

✈ 從河內出發的交通時間

下龍灣	🚌 約3～4小時	峴港	✈ 約1小時20分
鉢塲	🚌 約30～40分	順化	✈ 約1小時10分
東湖	🚌 約1小時	會安	✈ 約1小時20分＋🚌約50分

河內
My
Favorite

最喜歡的地點？最喜歡的伴手禮？
小伴旅推薦的河內小情報！

提到河內，就想到亞洲雜貨、健康的越南菜、南方甜點……etc.
在老城區購物固然開心，但是也別忘了到下龍灣逛逛！

感到疲憊時，就去按摩吧。便宜到每天都想去！

頁數
➡P.73

下龍灣觀光

超讚景點

下龍灣是世界遺產，推薦搭郵輪遊覽。
當天來回也很好，稍微奢侈一下，來趟
2天1夜的郵輪之旅更棒！

有許多千奇百怪的岩石。

頁數
➡P.76

在超市買食品類伴手禮

購物

超市是購入超值伴手禮的寶
庫。從蓮花茶到菊花茶都有，
琳琅滿目。

KimAnh

蓮花茶，又稱「美人茶」。
王宮的女性們也愛喝。

可以看到美麗夕陽的郵輪觀光

Zoom!

Abdal

頁數
➡P.62

來顆蜜蓮子配茶，可以安定心神喔。

美食1

巧克力Buffet

若想沉浸在奢華的氛圍裡，首
推河內索菲特大都市飯店。若
超過住宿預算，也可以去飯店
的巧克力Buffet體驗一下。

也有蛋糕或可麗餅，
來一場甜蜜的巧克力
回憶吧。

頁數
➡P.45

美食2

春捲&河粉

到越南必吃的就是生春捲和河粉，
河內常見的是炸春捲和BUN。不
喜歡香菜的人，可以從味道平易近
人的炸春捲入門。米線也有各式各
樣的口味，可以多多嘗試。

Duong's Restaurant➡ P.65
的烤肉米線滋味高雅，可以和
肉一起品嚐。

口感酥脆，讓人
一口接一口。

頁數
➡P.34、64

小伴旅建議

若是中午抵達河內，回國安排隔天
下午時段的班機，就可以來一趟週
末小旅行。甚至搭配越南國內線，
更可以從北越玩到中越喔。

首先用河內必去景點塞滿行程

越南的首都河內，是個水源充沛，綠意盎然的都市。
位於還劍湖北邊的老城區，可以享受購買越南雜貨的樂趣。
在充滿異國風情的街上散步時，來一份道地的春捲也不錯。
另外也推薦到漂亮的咖啡廳小憩一下。

到漂亮的咖啡廳坐一下吧。

介紹一下河內的街道

由狹窄巷弄組成的老城區，是主要的觀光地區。
飯店、商店、餐廳都集中在還劍湖周邊。
對歷史有興趣的人，也可以到胡志明主席陵附近走走。

搭三輪車觀光
也很有趣~♪

熱門商店和餐廳
都集中在這裡的核心地帶

1 還劍湖周邊
Ho Hoan Kiem

遊覽三條主要街道 ➡ P.22
在奢華飯店滿足少女心 ➡ P.44
到超好拍的還劍湖來一趟攝影散步 ➡ P.52

充滿歷史設施，
河內首屈一指的觀光景點

2 胡志明主席陵周邊
Lang Chu Tich Ho Chi Minh

在胡志明主席陵周邊
來趟歷史之旅 ➡ P.56

5 西湖周邊

西湖

• 鎮武觀

潘廷逢路

胡志明故居及主席府
胡志明自1954年起
居住了15年的故居仍
保存至今。

2 胡志明主席陵周邊

• 越南主席官邸

• 胡志明故居及主席府

胡志明主席陵   昇龍皇城遺址

• 巴亭廣場

胡志明博物館 •

雄王路

越南軍事
歷史博物館

• 越南美術博物館

行待體育場 •

• 文廟

黎筍路

河內站
陸路的交通重鎮，復
古風的車站和列車饒
富旅行情趣。

4 河內站周邊

陳黃盛路

河內站

靈光湖

遊玩的秘訣

由於當地白天時，夏天會高達35℃，即使最舒適的季節也有28℃，因此在逛的時候千萬不要勉強，並適時補充水分，但不要喝生水或食用路邊攤的冰。

位於還劍湖北邊，
到處都是職人的36條巷弄。

老城區
Khu Pho Co

老城區散步 ➡ P.18
越南必吃河粉 ➡ P.32
當地甜點 ➡ P.42

竹帛湖
位於西湖東邊的小湖，突出的半島上有間粉捲店相當知名。

龍編橋
龍編橋別具特色，全長約1700公尺，於1902年完工。

龍編橋

河內觀光的
最佳據點

河內站周邊
Ga Ha Noi

在胡志明主席陵周邊散步
感受歷史 ➡ P.56

水塔遺跡

龍編站

同春市場
從食材到伴手禮，布匹到服裝，應有盡有。

同春市場

老城區

東河門

古宅保存館
（Ma May街87號古宅）

還劍湖
湖泊周邊在週末時，可說是徒步天堂。

昇龍水上木偶劇場

玉山祠

還劍湖周邊

大教堂

P-Trang Thi

還劍湖

火爐監獄

大教堂
城區的地標，周邊有許多熱門商店和漂亮的咖啡廳。

P-Hang Bai

西湖悠閒的風景和周邊選物店都廣受歡迎

西湖周邊
Ho Tay

Xuan Dieu街周邊購物之旅 ➡ P.58

★從哪裡開始觀光比較好？
➡ 從老城區開始吧
老城區的街道頗為複雜，請利用路口的藍色路標以及商店門牌，一邊確認路名一邊觀光。

★如何移動比較好？
➡ 基本上以計程車和步行為主
老城區和還劍湖周邊可以走路逛逛，若要移動到其他地區，推薦搭乘計程車。尖峰時段是7:00～8:00以及16:30～18:00。

★如何體驗當地的風土民情？
➡ 前往還劍湖和大教堂吧
還劍湖是河內當地人的休憩場所，可以悠閒地散步前往大教堂，那一帶有許多當地咖啡廳。

★如果時間很充裕……
➡ 前往河內郊區和中越
河內市區其實不大，逛完可能還有時間，前往郊區或到中越旅遊也是有效率的作法。

說走就走小旅行

美味與可愛兼得的河內，
前往郊區造訪世界遺產

**盡情品嚐健康的越南料理，
在老城區購買可愛的越南雜貨。
接著前往世界遺產下龍灣，滿足地度過四天三夜吧！**

第1天
下午抵達機場，
直接去玩也能玩得盡興。

抵達河內！

大約在下午1時5分抵達河內的機場，進入市區就快點出門逛逛

濃厚風味大受歡迎！

13:05 抵達內排國際機場

14:00 從機場搭計程車前往市區

15:00 入住還劍湖周遭的飯店

15:30 來份河粉補充元氣

16:15 前往老城區展開雜貨尋寶

18:00 靠腳底按摩消除整天的
疲勞，太享受了～

20:00 在Cau Go欣賞美麗
夜景，享用晚餐。為
第一天的夜晚乾杯吧！

在受歡迎的Pho Thin ➡ **P.32**來一份河粉

到熱鬧的老城區➡**P.18**拍拍照、逛逛雜貨。

在Tan My Design**P.22**能買到充滿越南風情插圖的筆記本，是很好的伴手禮喔！

第一天開始就大買琺瑯雜貨。
➡**P.20**♪

在Van Xuan
➡ **P.73**享受最
舒服的按摩。

第2天
參加世界遺產下龍灣行程，
應該會很感動吧？

8:00 導遊會到飯店迎接遊客，大概
中午過後就會抵達下龍灣。

在Cau Go➡**P.48**一邊
眺望還劍湖景，一邊
享用晚餐，大啖越南
春捲。

也可以參加世界遺產
下龍灣套裝行程
➡**P.76**，是一早就展
開的一日遊。

16 ※上述為2023年6月時的航班資訊。

第3天

到老城區和西湖一帶觀光購物，水上木偶劇也一定要看。

8:00 早餐就到知名的Thanh Van 吃河內名菜 —— 蒸粉捲

9:00 搭計程車前往胡志明主席陵，趁人潮湧現前好好參觀。也能一路散步到胡志明故居。

12:30 肚子餓了到附近的KOTO餐廳用餐。

14:00 到Xuan Dieu街上散步，一邊逛逛周遭的商店吧。

17:00 欣賞水上木偶劇。

即使早上食慾不振也吃得下

早餐就吃河內名菜蒸粉捲
➡ P.34

趁人潮湧現前，趕緊去參觀胡志明主席陵 ➡ P.56吧

參觀越南首座大學遺跡 —— 文廟 ➡ P.57

在KOTO ➡ P.57吃午餐，牛肉米線很受歡迎。

第4天

回程時間是晚上11點，有充分的時間玩到最後。

8:00 到同春市場選購伴手禮，再找間咖啡廳悠閒享用早餐。

到西湖北部的Xuan Dieu街一帶散步 ➡ P.58，有很多時尚的店家可以逛。

晚上去欣賞昇龍水上木偶劇 ➡ P.74，劇場商店有賣木偶。

同春市場 ➡ P.61一早就營業了，最後可以在那裡採買，早餐可以在大教堂附近的La Place ➡ P.41享用。

旅行的收穫

在河內盡情購物觀光之後，帶著戰利品和回憶回國吧♪

回憶景點就是這裡

越南的口罩產業很發達。星星圖案很可愛

在Chie Handmade ➡ P.25一見鍾情的刺繡錢包，34萬5000VND

在充滿河內風情的景點 ➡ P.54拍了美照！

最喜歡的是這個

必買的琺瑯雜貨。琺瑯馬克杯15萬VND起

在巧克力吃到飽 ➡ P.45享受幸福的時光

體驗在巷弄裡迷路 ── 漫步在老城區

老城區聚集古代製作貢品獻給貴族的職人，
每條巷弄各自由錫製品或紙品、餐具等專門店和工房匯聚而成。
可以一邊感受這座古城的面貌，一邊尋寶。

What's 老城區？

老城區位於還劍湖北邊，由錯綜複雜的巷弄組成，帶著獨特的風情。老城區又名「36行街」，每條路各自聚集同一種行業的店鋪，共有36條，因此得名。現在還能看到師傅現場製作錫製品或印章。

MAP 附錄P.8

紙

1 Hang Ma

充滿紙、紙藝品和紙紮品的專賣店。有精緻紋路、中國圖案等，這裡有數量龐大且樣式豐富的各式紙品。

1 這裡販售的繽紛紙製飾品相當醒目
2 可愛的包裝紙，是不是很適合用來包裝河內的特產送人呢？

編織包、涼席

2 Hang Chieu

藤編座墊、優雅的編織包等，這裡專賣天然材料製作的雜貨，適合買來送給女性。

東河門
舊河內城的城門遺址，總共有16座，如今僅存這座東河門。

有許多雅緻的籃子和草席，品質也很好

1 涼爽透氣的藤編座墊
2 用有越南語的草帶編成的包包，12萬VND

Old Quarter

要不要買鮮花啊～

Hang Bo
手作街，販售許多緞帶、線材、雜貨等物品，手作愛好者必來！
◎P.60

Hang Gai
絲綢街，販售服裝、雜貨等各種絲製品。
◎P.23

搭乘三輪車就輕鬆了

Gam Cau Market
Gam Cau

Hang Khoai
同春市場

Hang Chieu
東河門

Dong Xuan

Tran Nhat Duat

Nguyen Sieu

Hang Ma

Hang Luoc

Cha Ca

Hang Duong

Hang Giay

Ta Hien

Lan Ong

Hang Gai

Hang Can

Luong Van Can

Hang Bo

Luong Van Can

Hang Dao

Hang Bac

Nguyen Huu Huan

Tran Quang Khai

Hang Be

Hang Be Market

Cau Go

Hang Quat

Hang Non

Hang Gai

Hang Da Galleria
一國購物中心

Hang Manh

Hang Dau

還劍湖

似乎很適合裝冰咖啡

想拿來裝冷酒一口飲♪

把寶物放在裡頭吧

① ② ③ ④

餐具、玻璃製品

③ Cho Gam Cau

可以用划算的價格買到便宜可愛的餐具或玻璃製品，大部分為成套出售。這個行家才知道的景點位於同春市場後方。

① 在咖啡廳常看到的圓點玻璃杯，5萬VND（6個）　② 蓮花圖案的玻璃燒酒杯，4萬VND（一套）　③ 適合裝平糖的玻璃小物罐　④ 位於Gam Cau路的玻璃製品市場

盡情 Shopping！

同春市場
Cho Dong Xuan

熱鬧的批發市場，食材水果、布匹到生活雜貨什麼都有。周遭的建築也是市場的一部分，來到這裡一定得要四處逛逛。

MAP 附錄P.8 B-2　　老城區

🏠 Cho Dong Xuan, Q. Hoan Kiem
🚶 大教堂步行23分
📞 024-38282170
🕐 5:00～17:00
🈚 無休

一早就門庭若市，在人潮中行走，請小心錢包等隨身物件

廚房用品

④ Hang Khoai

位於同春市場前，鍋碗瓢盆一應俱全。能在不經意間挖到寶，讓人想仔細看看。

① 也有越南特有的廚房用品，光是看看就十分有趣　② 2～3人分容量的商用咖啡壺　③ 火龍果造型水果叉

① ② ③

遊玩的秘訣

老城區很大，若步行遊覽會比較耗時，夏天時更是會因為炎熱而備感辛苦。如果只是想隨意看看，搭乘電瓶車移動較方便 ➡ P.105，且電瓶車是開放式空間，徐徐涼風很是舒服。

電瓶車資訊
🏠 同春市場前和昇龍水上木偶劇場前，共兩處。
💰 1段20萬VND起

文具

⑤ Hang Can

這是一條文具街。復古風筆記本、筆之類的書寫用品不在話下，寄送物品回國的紙箱包材也能在此購買。

小花圖案很可愛♪

① 文具愛好者一定要來尋寶　② 封面加厚的復古風筆記本

① ②

銀製品

⑥ Hang Bac

銀製品街。由於銀的價格隨重量有所不同，除了設計較複雜的物件或進口商品，每間店的品質都差不多。

精細的設計令人著迷

① 精細的花朵圖案手鐲，70萬VND，同款銀戒指為25萬VND　② 每間店的品質都差不多

每週五、六、日的19時～23時有夜市，Hung Dao、Hang Ngang、Hang Duong、Dong Xuan路禁止車輛通行。

迷上可愛的越南雜貨

在海外也廣受歡迎的復古風琺瑯和鉢塲陶瓷，
還有質感極佳的河內手工刺繡，越南風的雜貨小物……
河內就是可愛越南雜貨的寶庫！

Enamel goods

可愛復古的**琺瑯雜貨**

海防市製作的琺瑯餐具，上頭有復古繽紛的圖案，
是餐桌上或裝飾的視覺焦點。

馬克杯，15
萬VND起，
也有復古圖
案款

> 等屬的圖案
> 也很可愛

新款和復古設計都找得到
Nhom Hai Phong

販售鍋、盆、杯子等海防市製造的
高品質琺瑯雜貨，品項多樣化和品
質都是河內首屈一指，也販售鋁製
雜貨。

MAP 附錄P.8 A-2　　　　　老城區

所 38A Hang Cot, Q. Hoan Kiem
交 大教堂步行20分　電 024-38269448
營 7:30～17:30　休 無休

越南風雜貨就到這裡買

以越南斗笠或蓮花為主題，充滿越南風情的雜貨，
讓人想擁有一個。

> 繡有可愛圖案
> 的護照套

Vietnamese motif

療癒的天然雜貨世界
Nagu Shop

有許多充滿越南風情，設計簡單可愛
的雜貨。廣受歡迎的斗笠小熊可以繡
上名字，若提供制服等服飾作為參
考，甚至能製作小熊穿的版本。

MAP 附錄P.9 B-5　　　　大教堂周邊

所 78 Hang Trong, Q. Hoan Kiem
交 大教堂步行5分　電 024-39288020
營 9:00～19:00　休 無休

花朵圖案小包包，
共6色。買5送1令人
開心，很適合送禮

鉢塲陶瓷和越南咖啡壺

有著懷舊小花圖案的鉢塲陶瓷，以及越南咖啡壺這類必買的土產，都可以在老城區的Hang Da Galleria的地下樓層「Hang Da市場」一次買齊。 **MAP** 附錄P.9 A-5
🕐 7:30～18:00（週六、日為8:00～21:00） 休 無休

Hand embroidery

精緻的**手工刺繡**雜貨

河內的手工刺繡以精緻聞名，刺繡束口袋或小包包是必買的伴手禮，可以到專賣店購買。

國際郵件風格的刺繡小包包

設計出眾的手工刺繡雜貨
Tan My

傳承母女三代，河內的老字號刺繡專賣店。精緻的刺繡技術不在話下，設計風格相當出眾。

MAP 附錄P.9 B-4　　　　老城區

所 66 Hang Gai, Q. Hoan Kiem
交 大教堂步行7分
☎ 024-38251579　🕐 8:30 ～ 19:00
休 無休

摸克牌圖案的手帕，買多一點也沒有關係，就一次買齊吧

繡著越南女性或貼身衣物圖案的束口袋。
左：18萬7000VND
右：14萬VND

激起購物欲的**鉢塲陶瓷**

說到最經典的雜貨，必屬鉢塲陶瓷。比起傳統款式，現下的流行款式更受歡迎。

餐具、飾品等雜貨應有盡有
Moon Crafts

茶具、碗、小物甚至飾品，這裡有各種原創手作商品。鉢塲陶瓷則是從復古懷舊到現代款式都有販售。很適合在寬敞的店內尋找伴手禮。

MAP 附錄P.9 B-5　　　　老城區

所 101 Hang Gai, Q. Hoan Kiem　交 大教堂步行7分
☎ 024-39287170　🕐 8:30～22:30　休 無休

好用的淺色茶杯，各8萬5000VND

也有販售項鍊，15萬5000VND起

Bat trang

喜歡陶瓷的話，直接去鉢塲看看！ ➡ **P.78**，搭計程車大約30分。

超多好品味的店鋪，
令人流連忘返的三條街

廣受觀光客歡迎的必逛店鋪，都聚集在大教堂東側，
主要分布於Hang Gai、Hang Trong、Nha Tho三條路上。
就從這一帶開始河內的購物之旅吧！

越南花紋的新潮服飾

充滿女性
柔美氣質！

A Kana

店內服飾都是當季流行顏色和設計，花紋則是小鳥或動物、自然等越南風的圖案，在流行嗅覺敏銳的越南女孩之間廣受歡迎的選物店。也販售適合當伴手的雜貨。

MAP 附錄P.9 B-5　　　　大教堂周邊

所 41 Hang Trong, Q. Hoan Kiem
交 大教堂步行5分
電 024-39286208　營 9:00～20:00
休 無休

1 小碎花、植物圖案的設計
2 店內有許多符合日系品味的商品
3 維他命色系的長版襯衫
4 店內商品會配合季節更換

國內外設計師的作品

B Tammy Design

老字號刺繡店「Tanmy」的選物店。除了越南國內品牌，還有販售旅居越南的外國設計師服飾及生活雜貨，也有Tanmy自家的刺繡雜貨。

MAP 附錄P.9 B-5　　　　老城區

所 61-63 Hang Gai, Q. Hoan Kiem　交 大教堂步行7
分　電 024-39381154　營 8:30～20:00　休 無休

1 前方的是義大利設計師Bianco Levrin的天鵝絨洋裝，190美元起　2 也有販售藝術裝飾　3 整間店有三層樓　4 以越南老照片為主題的iPad包22美元。杯墊14美元（6入）

越南的街景搖身
成為新潮雜貨！

Trang Tien Plaza

原是河內第一間百貨公司，經過裝修成為豪華購物中心。
廣受歡迎的精品品牌也入駐其中，部分店家可退稅（VAT
10%）。🕐 9:30～21:30（週六、日、國定假日～22:00）
🈵 無休 **MAP** 附錄P.7 C-4

買遍三條大道

一邊散步一邊購物，走遍這三條路大約只要2～3小
時，推薦中途可以到大教堂周遭的咖啡廳休息一下。

充滿刺繡專門店的
Hang Gai路。

E F G
Hang Gai
H D B

這些店也要CHECK!
- ⒠Hadong Silk
- ⒡Sapa➡P.25
- ⒢Tan My➡P.21
- ⒣MoonCrafts➡P.21
- ⒤Chie Handmade
  ➡P.25
- ⒥Nagu Shop➡P.20
- ⒦La Place➡P.41
- ✚大教堂➡P.52

C

Hang Trong

A

I

J

K

✚

那個好可愛，
去看看吧！

Nha Tho

1 刻有民族花紋的戒指8萬VND
2 代表家庭的漩渦圖案靠枕39萬5000VND
3 三色搭配的杯墊5萬VND

1 縫紉機搭配花朵的刺繡圖案，既特別
又可愛的小包包12萬5000VND **2** 繡著
絢紛民族風花紋的口金包31萬3000VND
3 繡滿鮮豔花朵的的提包26萬VND

手工民族雜貨和飾品

C Mountain's Color

販售住在山區的少數民族所製作的
雜貨。其中麻製品、布製品雜貨，
戒指等飾品都是手工製作，溫和的
配色和民族風花紋非常新奇。關於
漩渦圖案，1個代表友情，2個是情
侶，4個則代表家庭。

MAP 附錄P.9 B-5　　大教堂周邊

🏠 46 Hang Trong,
Q. Hoan Kiem
🚶 大教堂步行5分
🕐 9:00～22:00
🈵 無休

販售許多高品質雜貨

D Amazing Hanoi

山岳民族的藝術品、飾品、天然保
養品、絲製品等……販售的品項包
羅萬象，在店內逛一圈，肯定能找
到中意的商品。推薦購買質感極佳
的刺繡小物。

MAP 附錄P.9 B-5　　老城區

🏠 71 Hang Gai,
Q. Hoan kiem
🚶 從大教堂步行6分
📞 090-4005551
🕐 8:00～21:30
🈵 無休

首先用河內必去景點塞滿行程／三條主要街道

部分店家可退稅（VAT）➡P.101。退稅櫃台位於內排國際機場內登機門附近。

介紹少數民族
充滿魅力的工藝品

居住於越南西北部山岳地區的少數民族，
過著與大自然共存，守護傳統織品文化的生活。
精細又美麗的手作雜貨，也是伴手禮很好的選擇喔。

稍微介紹一下

少數民族的工藝品

許多少數民族居住於越南北部的
山岳地區，每一族的手工刺繡和
染整方法皆有所不同，都由母親
傳承給女兒，也因此產生各自獨
一無二的美麗編織品。這些多彩
多樣的工藝品，會再做成雜貨或
服裝販售。

瑤錢族

特色為現代藝術風
的蠟染

黑苗族

用色雅緻的蠟染及刺繡

紅瑤族

大自然主題的植物染，以及
精緻的刺繡

黑泰族

活潑的刺繡，植物染和鏤
空刺繡非常漂亮

重點是苗族
的刺繡

藍染和刺繡
的化妝包
各12萬6000VND

藍染的圓點圖案
非常可愛

有機麻面紙套，
46萬VND

儉樸又高質感的藍染製品店

① Indigo Store

販售用自家栽種有機原料製作的，北部
少數民族傳統植物染加上刺繡的高品質
商品。除了包包、化妝包這類小物，也
有涼爽透氣的裙子等服飾商品。店內也
會舉辦染布課程。

MAP 附錄P.11 B-4　　　　河內站周邊

⌂ 33A Van Mieu, Q. Dong Da
🚇 文廟步行2分　☎ 024-37193090
🕐 8:00～19:00　休 無休

1 適合送禮的刺繡飾品
2 觸感柔軟的植物染披巾
3 穿起來很舒服的洋裝，168
萬VND
4 店內販售泰族、苗族、瑤族
等20個以上少數民族工藝品

苗族的傳統染
色提包，57萬
5000VND

繽紛的配色
也很可愛。

使用少數民族的織品
組合製作的名片夾，
11萬5000VND

少數民族的染色教室

Indigo Store會在店內開辦植物或琉球藍染的體驗教室，很適合作為雨天的行程。費用為10美元（1～10人，最遲需提前一週預約）。

各民族的服裝特色一目了然！

泰族美麗的傳統花紋錢包，34萬5000VND

從左至右分別為瑤族、倮倮族、苗族的書籤，各2萬3000VND

店鋪規模不大，但品項很豐富

泰族的條紋餐墊，18萬4000VND

西北部少數民族商品

 Chie Handmade

販售西北部泰族、越南寮族製作的商品。使用好的材料，製作也很仔細，設計符合外國遊客的喜好，披肩和包包的價格也很合理。

MAP 附錄P.9 B-5　　大教堂周邊

所 66 Hang Trong, Q. Hoan Kiem 交 大教堂步行5分 電 024-39387215 營 9:00～21:00 休 無休

由支援少數民族的NPO所經營

3 Craft Link

店內的手作藝品直接來自苗族、瑤族等少數民族是由NPO法人經營的店鋪。店裡銷售的雜貨品質佳，價格也很適中。

MAP 附錄P.11 B-4　　河內站周邊

所 51 Van Mieu, Q. Dong Da 交 文廟步行2分 電 024-37336101 營 9:00～12:15、13:15～18:00 休 無休

為室內裝飾增添越南風情

販售高品質漆器和陶瓷，也有很多生活雜貨

1巧妙運用少數民族的布料，製作出款式豐富的靠墊，25～35萬VND 2水牛擺飾，絕對會是室內裝飾的焦點

價格適中的民族雜貨

4 Sapa

少數民族專賣店，販售越南境內所有少數民族的手作，店內充滿使用其工藝品製作的商品。主要販售包包或鞋子還有服飾雜貨等，價格也相當合理。

MAP 附錄P.9 B-5　　老城區

所 108 P. Hang Gai, Hang Gai, Q. Hoan Kiem, 交 大教堂步行7分 電 097-6869807 營 8:30～20:30 休 無休

當啤帶也很合適

從服飾到小物，品項多元

1山岳民族的鮮豔橘色提包，89萬VND 2綴有許多裝飾的項鍊 3山岳民族製作的布料製成的鞋子，57萬VND

政府開發援助（ODA）是對開發中國家的援助計畫，台灣的國合會為執行單位之一，為開發中國家提供許多支援。

同時也要關注活躍於越南的歐洲設計師

曾經歷法國殖民的關係，許多歐洲人定居在河內，
他們非常活躍，其中有位法國設計師更是知名。
在此介紹融合歐洲×越南的獨特商品。

BRAND 1

Hanoia

越南漆器師傅與法國設計師的聯
名品牌，符合歐洲審美的漆藝涼
鞋、高品質的飾品，在國際間也
很被關注。

4

富有異國風情的
漆藝飾品。

1

1 現代設計感的漆藝品，長項鍊125
萬VND 2 也有扇子之類適合送禮
的小物 3 煙灰缸530萬VND 4 燭
台115萬VND起

✳ 在這裡買！

Hanoia House

法國設計師經營的高級工藝品商店，
所在地是一處文化遺產建築，光看店
內的設計也十分享受。

MAP 附錄P.9 B-4　　　　　老城區

🏠 38 Hang Dao, Q. Hoan Kiem
🚶 從大教堂步行12分
☎ 024-37100819
🕐 9:00～20:00　休 無休

讓空間一下子
變得繽紛♪

BRAND 2

Flola

1

✳ 在這裡買！

Flola

在越南女孩之間廣受歡迎的布製品商
店。有色彩繽紛的化妝包、托特包等
多種可愛商品。

MAP 附錄P.9 A-6　　　　　大教堂周邊

🏠 62 Au Trieu, Q. Hoan Kiem
🚶 大教堂步行3分
☎ 024-39288338　🕐 9:00～20:00
休 無休

老闆是一位在法國學習設計四年
的越南女性，販售自己設計、製
作的布製品，特色為大量使用拼
布和花朵圖案，在當地也有許多
愛好者。

1 每個顏色分別為
不同花紋的托特包，
35萬VND 2 花朵圖
案拼布的可愛桌飾，
50萬VND 3 布製花
束，60萬VND

Saigon Kitsch的商品也很可愛

以現代感重新詮釋越南主題而備受歡迎的Saigon Kitsch，也是來自法國設計師米歇爾的設計。目前河內沒有分店，只在Star Lotus ⊃ **P.28** 販售。

BRAND 3
Valerie Cordier

活躍於河內的法國籍設計師，採用新穎的作法，利用回收資源及廢品將來自事業各地的靈感表現在包包與飾品上。

> 色彩強烈顯眼的商品。

用廢棄塑膠製作的錢包，49～68美元。星星符號和越南語也成了設計的一環，非常有趣！

BRAND 4
Mekong Belle

戴著越南斗笠的女性、少數民族圖案等，將這些具越南代表性的圖案做成筆記本封面，非常適合送禮，各12美元

設計師是來自英國的Annabelle Audier小姐。將傳統的越南主題圖像化，製作成文具，設計風格中可見日本包袱布花紋的影響。

Tammy Desigh

販售廣受世界各國矚目設計師的作品，也是Tan My的姊妹店，店內的商品很有品味。
⊃P.22

> 沒有太強調胸口位置的設計

GinkGo

以越南文化、風景為主題製作的特色T恤，有許多令人會心一笑的圖案。

MAP 附錄P.9 D-4　　　　老城區
所 44 Hang Be, Q. Hoan Kiem
交 大教堂步行17分
電 024-39264769
營 9:00～21:00　休 無休

1 西洋棋騎士圖案上衣，65萬VND　2 植物圖案上衣，99萬VND　3 飛魚圖案上衣，59萬VND

GinkGo

法國設計師品牌，以雜亂的電線、國旗等越南的常見風景為靈感。品牌LOGO是銀杏葉。

Chula ⊃ **P.58** 也是歐洲設計師品牌。

買些越南製造的特色伴手禮
送給重要的人

想要送禮給平時很照顧自己的人嗎，
那麼推薦您購買品質和設計感兼具的商品。
接下來介紹河內的精選越南伴手禮。

Sofitel Legend Metropole Hanoi的
玫瑰茶

・38萬7000VND

越南中部以盛產玫瑰聞名，奢華的香氣令人愉悅。

在多種口味當中，玫瑰茶是最受歡迎的

Hien Bao家的
花生糖

・5萬8000VND

花生酥脆，不會死甜，非常適合配茶。

依照唐林古村Hien Bao家的祖傳食譜製作

Marou的
頂級巧克力

・各10萬VND

左邊是使用巴地，右邊是使用湄公河三角洲產的可可製作，各有不同風味。

每一款巧克力都只使用單一地區產的可可，因此風味也各具特色（見P.29右上介紹）

鉢塲陶瓷
貓咪筷架

手工繪製，每一個都獨一無二，找出自己最喜歡的貓咪吧！

款式豐富的貓咪造型筷架，也有魚的造型

・各3萬VND

Chie Handmade的
茶葉

・15萬VND

茶葉直接在二樓加工，也有製作設備，可自由參觀製作過程。

品牌自製的蓮花紅茶，包裝很可愛

少數民族製作的
隔熱手套

・25萬VND

材料和染料都是天然素材，是環保商品。

時尚的拼布隔熱手套

 必買伴手禮和稀有商品都有
Star Lotus

編織包、當地美食，店內販售各種受外國觀光客喜愛的伴手禮。二樓有販售以越南產紅寶石製作的珠寶，推薦在光照下會出現星形光芒的星光紅寶石（Star Ruby）。

MAP 附錄P.4 E-4　　　　　市區南部

⌂ 111 Mai Hac De, Q. Hai Ba Trung
🚗 大教堂車程10分　☎ 024-39749710
🕐 9:30～21:00　🈳 無休

 只賣手作工藝品
Chie Handmade

販售越南西北部的泰族、越南寮族的工藝品。商品都是親手製作，色調柔和的商品很受歡迎。一些國際單位和NGO也有共同開發商品，協助振興地方經濟。

➡ P.25

在Marou河內店享用甜點

Marou是來自越南的精品巧克力品牌，在河內有直營咖啡廳「Maison Marou Hanoi」，**MAP** 附錄P.7 **B-5**可以買到多種巧克力，也供應甜點。

Chie Handmade的
大象布偶

24萬5000VND

每隻大象的顏色和動作都不一樣 ⑧

有溫度的手工布偶，拿來送禮也不錯。

Huong Sen的
蓮花茶

64萬VND/100g

100克的茶葉就用了100朵以上的蓮花，用料非常奢華

花瓣和花粉的香氣融入茶葉當中，芳香非常療癒。

Mountain's Color的
腳鍊

1條5萬VND

充滿越南情懷的民族風腳鍊。

100%天然材料，手工製作，且為公平貿易產品 ⓒ

KOK Coffee的
濾掛式咖啡

17萬VND

精選上等生豆，出貨前新鮮烘焙，廣受旅居當地的外國人喜愛 ⓐ

並非越南咖啡，能夠嚐到咖啡本身的香味

15萬VND

Mountain's Color的
布製化妝包

少數民族的傳統花紋，頗具獨特性，用色也很美

代表情侶的兩個漩渦圖案，也可以買一對喔 ⓒ

ⓒ 高級蓮花茶老店
Huong Sen shop

傳承好幾代的蓮花茶店。連王宮貴族和有錢人也只會在祭祀時飲用的高級蓮花茶。製作時，將蓮花放進低咖啡因的高山茶葉沾染香氣，增添香味層次。

MAP 附錄P.9 A-4

老城區

🏠 15 Hang Dieu, Q. Hoan Kiem
🚶 大教堂步行12分 ☎ 024-38246625
🕐 8:00～18:30 📅 無休

ⓓ 名流御用飯店自有品牌茶
河內索菲特傳奇大都市飯店
Sofitel Legend Metropole Hanoi ⓟ P.44

ⓔ 支援少數民族的公平貿易店家
Mountain's Color ⓟ P.23

越南是全球少數的寶石產地之一，其中稀有的星光紅寶石更是為世界矚目，在Star Lotus銷售。

一吃就上癮的越南料理！
完全公開其中奧秘

以米食文化為基礎的越南料理，非常符合亞洲的飲食習慣，
新鮮的材料、多樣的香草、米食、以及獨具風味的調味料，
搭在一起令人拍案叫絕，在此介紹越南料理的「美味秘密」。

秘密 1 料理當中使用多種香草

香草是越南料理的必需品，
例如香菜、羅勒、薄荷等……各式各樣的香草
是越南料理中的一大亮點，豐富料理滋味。

芫荽

也就是香菜，風味相當獨特，常用於麵類、沙拉、炒菜。

Rau mùi

刺芫荽

葉子邊緣刺刺的香草，味道類似芫荽，常用於河粉或酸辣魚湯。

Ngò gai

蒔蘿

常用於魚湯、蕃茄湯，可以用來去除魚類、貝類的腥味。

Thì là

羅勒

有著淡淡的甜味和澀味，常用於米紙料理或河粉等麵類料理。

Húng quế

薄荷

香味清爽，為大眾所熟悉，使用大量生菜的料理一定會加薄荷。

Bạc hà

紫蘇

葉片兩面分別為綠色和紅色，模樣像日本常用的紅紫蘇和青紫蘇混在一起。會加進沙拉等生食當中食用。

Tía tô

魚腥草

有強烈的氣味且帶點酸味，和其他香草一起吃會讓味道更有層次。

Diếp cá

叻沙葉

具殺菌效果，經常做為辛香料使用。除了貝類料理，也會加進沙拉食用。

Rau răm

河內的米非常有名！

1 依山傍水的河內是食材寶庫
2 能嚐到許多少見的香草
3 麵的種類很豐富，是用米和綠豆等材料製作

越南經過約1000年的中國統治時期，在19世紀末又成為法國殖民地長達近100年。越南菜受中國影響，以米為主食，也在法國影響下使用胡椒、肉桂等香料，發展出多樣的風味。

水蘸汁決定一間店的口味

越南的水蘸汁是魚露醬汁的一種，多以魚露為底，加入辣椒、大蒜等調配而成。水蘸汁的味道左右料理的風味。

1 大蒜和蕃茄　**2** 花生豆瓣醬　**3** 混合辣醬
4 鹽、胡椒、萊姆　**5** 味道較為溫和的薑和辣椒　**6** 味道強烈的魚蝦醬　**7** 適合肉類料理的大蒜及辣椒　**8** 辣椒醬油

秘密 2

米粉、澱粉、綠豆etc…深奧的麵類世界

越南與台灣一樣，都是以米飯為主食，此外更有米做的河粉、米線、米紙等食材，形式更為豐富，口感也更為多彩。除了米之外，也有用綠豆製作的麵條（冬粉）。

河粉

用米做的寬麵條，口感滑溜柔軟。由於是用蒸的，因此比較缺乏嚼勁。

Phở

米線

用稍微發酵的米製成的細麵，可用於麵料理、生春捲、湯類等，百搭萬用。

Bún

米紙

米粉用水溶解、鋪平後蒸熟後乾燥而成，用於包捲蔬菜或其他配菜食用。

Bánh tráng

高樓麵

米粉加鹼水製作的蒸麵，麵條較粗，口感偏硬，也較有嚼勁。

Cao lầu

紅河粉

作法與河粉相同，製作過程中加了蔗糖而呈現褐色。

Bánh da đỏ

冬粉

綠豆做的越南冬粉，外觀呈現半透明，有嚼勁。

Miến

粿條

南越的半乾麵，用米粉製作後曬乾，比河粉有嚼勁。

Hủ tiếu

粉條

米粉混合木薯粉製作而成，口感Q彈。

Bánh canh

秘密 3

最關鍵的調味，就是多樣化的調味料

越南的調味料都有各自獨特的風味，如魚露、蝦醬，能增添味道的層次。有些調味料在國內可能不太好買。

魚露

小魚發酵而成的醬料，味道與泰國魚露相近。

Nước mắm

辣醬

辣椒製成的調味料，適合加進河粉食用。

Tương ớt

越南醬油

黃豆基底的醬油裡加了砂糖和香料。

Xì dầu

蝦醬

用發酵後的蝦米製作，有很強烈的腥味，通常搭配豬肉料理。

Mắm ruốc

胡椒

越南產，香味強烈的辛香料，食用前才會從顆粒磨成粉。

Tiêu

羅望子

酸味明顯的豆科植物，常用於酸甜味的料理，不同於檸檬，較接近日本梅乾的酸味。

Me

來到越南必吃河粉
一起享用道地美味

說到越南，最先想到的就是河粉，其實河粉發源地正是河內。
河內街上有許多專賣店，簡直是河粉一級戰區！
這裡介紹連當地人都會去排隊的名店。

牛肉河粉 Pho Bo

加入牛肉的湯粉，特色是用牛骨熬的清澈湯頭，和豆芽菜以及萊姆汁味道很合。

營業到湯頭賣完為止

料
基本上有牛肉片、蔥、香菜等，也可以另加油條一起吃。

湯
當時熬煮的牛骨高湯，加上各店自己調配的辛香料。

麵
使用薄寬麵，沒什麼咬勁，呈柔軟的口感。

1 因牛肉給得多而廣受歡迎，牛肉湯粉5萬VND
2 湯頭賣完就會提早打烊
3 上班前一大早就大排長龍

必吃的牛肉湯粉
排隊名店

Pho Gia Truyen

排隊人龍不間斷的名店，店裡只賣牛肉湯粉，分成全熟（Chin）、半熟（Tai）和綜合（Tainam）三種，其他還有雞蛋等配菜可選擇。

MAP 附錄P.9 A-4　老城區
🏠 49 Bat Dan, Q. Hoan Kiem　圖大教堂步行13分
🅿 沒有　🕐 6:00～11:00、17:00～22:00
🈺 無休

開業40年，
最受歡迎的河粉店！

Pho Thin

店內只有牛肉河粉一項，牛肉有稍微炒過。湯頭較為濃厚，但上頭放了滿滿的蔥，所以也不至於膩口。配菜有油條和半熟蛋可加點。

MAP 附錄P.7 D-6　還劍湖周邊
🏠 13 Lo Duc, Q. Hai Ba Trung
🚇 大劇院步行13分
📞 097-1598182
🕐 6:00～21:00　🈺 無休

油條要吸滿
湯汁再吃

1 店門口的招牌和大湯鍋很好認　2 灑滿蔥花的牛肉河粉，7萬5000VND 油條1份3塊，1萬VND

雞肉河粉 Pho Ga

雞肉（Ga）的河粉，雞肉與雞骨熬的湯頭，和香草很對味。滋味較平淡近人，適合第一次嘗試的人。

肉丸是味道的重點

湯

雞肉和雞骨熬煮的湯頭，濃厚但清爽。

麵

柔軟順口的寬麵，早上吃也沒有負擔。

雞肉和雞肉丸，還有很多香草和蔥。

1

當地人也喜歡的雞肉河粉！

Mai Anh

河內最有名的雞肉河粉專賣店。用雞肉和雞骨長時間熬煮的湯頭，風味十足卻很清爽，主菜是雞肉丸和其他部位的雞肉，一碗就能吃飽的大分量。

MAP 附錄P.7 C-6　　　還劍湖周邊

囧 32 Le Van Huu, Q. Hai Ba Trung
図 大劇院步行15分
☎ 024-39438492
⏰ 5:00～15:00　休 無休

1 雞肉河粉，6萬VND，加蛋多5000VND
2 河內沒什麼雞肉河粉店，想吃清爽一點的河粉就到這裡 3 騎機車大排長龍的人非常多，生意非常好

河粉的點餐方式

點牛肉河粉時，記得向店家指定牛肉的熟度，也可以加點其他配菜，再用桌上的調味料自己調味。

1. 指定牛肉的熟度

牛肉通常有全熟（Chin）和半熟（Tai）兩種，有些店也有提供半熟炒牛肉（Tailan），推薦給重口味的人。

「請給我全（半）熟牛肉河粉」
秋 科衣 否 玻 鎚 （泰）
Cho toi pho bo chin (tai)

「有炒牛肉河粉嗎？」
口 否 泰 　蛋洪？
Co pho tai lankhong?

2. 加點配料的方法

吃河粉時，可加水煮蛋、肉丸等配料一起吃。沾湯汁一起吃的油條（Quay）則是吃多少付多少。

「油條多少錢？」
樣 雞 把 紐？
Quay gia bao nhieu?

3. 自行調味

先嚐嚐原味湯頭，再依個人喜好加進桌上的免費調味料（檸檬、醋、辣醬、香草等……）。

辣醬　　大蒜醋

魚露　　　　蝦巴＆胡椒　　菜姆

辣椒

吃遍河內的春捲美食店

河內是春捲愛好者的天堂，
除了生、炸春捲，其他還有粉捲、蟹肉捲、可麗餅狀等形式，
集結了各式各樣的春捲美食！

食慾不好的早上也吃得下

北部

蒸粉捲
Banh cuon

將米粉做成可麗餅狀蒸熟的春捲，用Q彈的麵皮包著蔬菜，再另外灑上肉鬆。

4萬5000VND **B**

搭配的沾醬

單純的魚露，就能更加突顯豬肉鬆的美味。

說到河內就想到炸春捲

北部

炸春捲
Nem Ran(Nem Hanoi)

在河內提到「春捲」，會直覺想到炸春捲，內餡會包蟹肉、豬肉、冬粉、木耳、各式香草等……

16萬VND～ **D**

搭配的沾醬

搭配加了紅、白蘿蔔的水蘸汁一起吃。

海防的蟹肉春捲

北部

蟹肉炸春捲
Nem cua be

海防市的特色春捲，內餡分成蟹肉、木耳、冬粉、豆芽菜四層，滋味分明。

9萬5000VND **E**

內餡是這樣

讓餡料不會混在一起的四層構造，能吃到食材各自的味道。

春捲MAP

▷ **北部**
（河內）

▷ **中部**
（順化）

▷ **南部**
（胡志明）

炸春捲是最普遍的，也有河粉捲等各種類型變化。

從宮廷料理衍生出許多漂亮的春捲料理，尤以生芥菜春捲最為知名。

南部的春捲多是生春捲的形式，像沙拉一樣，餡料有肉、海鮮等各種選擇。

口感軟嫩的河粉捲

河粉捲
Pho cuon

將香草和牛肉等餡料，用整張河粉皮包起來，河粉皮厚厚軟軟，Q彈粉嫩，適合當做午餐。

8萬5000VND **C**

內餡是這樣

店家出動所有員工在一樓現包做做，口感Q彈又新鮮。

南部

潮州潤餅卷
Bo bia

用米紙包著越南臘腸、蛋絲、蝦米、魚腥草等各式香草食用，是甜鹹甜鹹的味道。

5萬VND **A**

推薦的沾醬

甜甜辣辣的花生豆醬醬，帶有花生的香氣，讓春捲的味道更上一層樓。

同時也是墊肚子的好選擇

34

也一定要試試炸河粉

到了「Pho Cuon 31」這類河粉卷專賣店，請務必嘗試炸河粉（Pho chienphong），一口大小的炸河粉，淋上有豬肉、蔬菜的芡汁，是一道外酥內軟的美味料理！

順化特有的美麗春捲

中部

生芥菜春捲
Cuon diep

用生芥菜包著豬肉、鮮蝦、米線的生菜捲。芥菜微微的辛辣味是這道菜的精髓。

3萬5000VND/2捲 A

推薦的沾醬

有濃濃的花生風味，可以平衡芥菜特有的味道。

素菜豆腐，健康蔬香

中部

素食炸春捲
Cha gio chay

包著豆腐、冬粉、木耳還有紅蘿蔔的炸春捲。可以配各式香草、生菜、米線一起食用。

5萬9000VND A

推薦的沾醬

加入辣椒末的微辣醬汁

南部

生春捲
Goi cuon

薄薄的米紙吃起來柔軟，和新鮮水嫩的生菜和鮮蝦一起吃很清爽。

12萬VND D

推薦的沾醬

和加了花生和炸洋蔥的甜醬汁是絕配！

說到越南菜一定會想到的

A 能吃到全越南的春捲
Wrap&Roll

胡志明市發跡的春捲專賣店，幾乎網羅越南所有種類的傳統料理，氣氛輕鬆且休閒，即使單獨進去用餐也沒有負擔。

MAP 附錄P.9 C-5　　　　　　　還劍湖周邊

所 33 Dinh Tien Hoang, Q. Hoan Kiem　交 大教堂步行9分
電 024-39261313　時 10:30～22:30　休 無休

B 現蒸現捲，適合當早餐
Thanh Van

在店裡將粉漿現蒸成類似可麗餅的餅皮，現場包餡供應，新鮮現做的口感絕佳，很多人會買來當早餐。

MAP 附錄P.8 A-3　　　　　　　老城區

所 12～14 Hang Ga, Q. Hoan Kiem　交 大教堂步行15分
電 024-38280108　時 7:00～13:00、17:00～21:00　休 無休

C 軟嫩的河粉裡包著蔬菜和香草
Pho Cuon 31

位於河粉捲一級戰區Ngu Xa街的超級名店，用口感軟嫩的蒸河粉包著新鮮餡料。店裡的炸河粉也很好吃。

MAP 附錄P.4 D-1　　　　　　　西湖南部

所 31 Ngu Xa, Truc Bach, Q. Ba Dinh　交 大教堂車程13分
電 024-37153679　時 9:00～22:30　休 無休

D 大人物也會造訪的名店
Com Viet

能品嚐到200種以上越南料理的高級餐廳，從經典美食到創意料理應有盡有。戶外座位還能欣賞樂團現場演奏的傳統音樂。

MAP 附錄P.4 E-1　　　　　　　西湖南部

所 63 Duong Pham Hong Thai, Q. Ba Dinh　交 胡志明主席陵車程7分　電 024-36255566　時 24小時　休 無休

E 品嚐海防名菜蟹肉炸春捲
An Bien ➡ P.36

竹帛湖有一塊像半島的地方，那裡的Ngu Xa街 **MAP** 附錄P.4 D-1有很多河粉卷賣店。

在河內必吃的北越風味，精選家庭料理餐廳

越南與台灣一樣屬南北狹長地形，
北越的口味特色是比南越清淡、儉樸。
主菜＋配菜＋蔬菜，就是一桌有家庭味的餐點。

What's 北越菜

北越菜的調味以鹽巴和醬油為基礎，整體較清淡，甜度較低。多用蔬菜、淡水魚、螺貝類等簡單材料。因受鄰近的中國影響，也有許多使用醬料、豆腐、麵類的料理。

既傳統又現代的北越菜

1946

用越南古董陶瓷盛裝，擺盤精緻，讓北越的家庭料理顯得更華麗。料理活用海鮮、蔬菜、鄰近地區的食材，且調味簡單，很容易入口。

MAP 附錄P.11 C-1　　　　　西湖南邊

所 So 3, Ngo Yen Thanh, 61 Cua Bac, Q. Ba Dinh
交 胡志明主席陵車程5分　電 024-62961946
時 9:00～22:30　休 無休

每一道菜都很好吃喔

湯裡加了整隻田蟹打成的蟹膏，充滿鮮味非常好吃

只用鹽巴和大蒜炒過的空心菜必點

由牛肉、香蕉花和花生組成，層層滋味酸甜，口感爽脆的沙拉

① 從最裡面開始是田蟹鍋Lau cua bong ruou，28萬5000VND（L）、炒空心菜Rau muong xao gion，5萬VND、香蕉花沙拉Nom hoachuoi，9萬5000VND
②③ 用餐時間一下子就會客滿

港都海防市的傳統料理

An Bien

海防市距離河內開車約3小時，也有很多特色菜。由於海防市臨海，多是海鮮料理，尤以蟹黃粉、蟹肉炸春捲聞名。

MAP 附錄P.7 C-6　　　　　還劍湖周邊

所 111 Trieu Viet Vuong, Q. Hoan Kiem
交 大教堂車程5分
電 024-39740571
時 9:30～21:30
休 無休

螃蟹熬煮的湯頭，這是紅河粉Banh da do

① 外國電視節目也介紹過的蟹黃粉Banh da Cua，8萬5000VND
② 店內經過改裝更加舒適
③ 海防產菊花茶Tra cuc Hai phong，6萬VND
④ 用一束一束的稻稈裝飾，氣氛就像在家裡一樣

越南的配給制度：

越戰結束後，越南仍有很長一段時間實施實物配給制，人民必須用糧票去配給所前排隊換取政府分配的食物，而如今終於度過了那個艱辛的年代。

瀰漫懷舊氛圍的配給餐廳

Cua Hang An Uong Mau Dich So 37

重現1975～1985年糧食配給所（Mau Dich）的主題餐廳，店裡展示著當時的糧票、照片、信件等貴重的歷史紀錄。菜單則有淡水魚、西湖產的田螺、鍋巴等樸素的北越料理。

MAP 附錄P.4 D-1　　　　　　　　　　　西湖南邊

所 158 Tran Vu, Truc Bach, Q. Ba Đình　交 大教堂車程15分
話 024-37514336　時 9:00～22:00　休 無休

嫩嫩的鍋巴和番茄
口味的醬汁是絕配

魚露燉魚，可說是河內版本的媽媽味

制服也重現配給制時期的模樣。

田螺的精華都濃縮在這一醬，是河內的名菜

1 從最裡面順時針依序為魚露燉魚Ca diec kho tuong，6萬5000VND。生薑葉蒸田螺Oc hap la gung，12萬VND（10顆）。鍋巴Com chay，3萬5000VND
2 沉靜的氣氛
3 陳列著貴重的文物

北越的湄公河三角洲地區盛產稻米，豐饒的土地產出美味的稻米，因此河內也是越南的稻米文化重鎮。

讓人想盛裝出席的 法式餐廳

越南歷經法國殖民，河內的飲食文化上也受到很大的影響。
無論是高級法式料理，還是使用當地材料製作的現代越南料理，
在富麗堂皇的法式餐廳裡享用，就是別有風味。

法式料理

受到法國殖民的影響，
河內的法式料理水準很高，
可用合理價格享用道地的佳餚。

Close up

中庭是
殖民風設計
推薦坐在燈光頗有氣
氛，位於中庭的露天
座位。

充滿魅力的嚴選食材與紅酒

Cousins to Ngoc Van

這間廣受歡迎的法式餐廳佇立於市區一個安靜角落，他們使用大叻市的高山蔬菜、從法國等地直接進口的肉類、魚類。店內也有波爾多、勃艮第等眾多產地的法國紅酒。

MAP 附錄P.10 B-1　　　　　　西湖北部

📍 So 15 Ngo 45 To Ngoc Van, Q. An, Tay Ho
🚉 胡志明主席陵車程12分
📞 083-8670098
🕐 11:00～14:00、17:00～22:00　 🈺 無休

1 位於西湖地區的時尚歐式餐廳　**2** 使用澳洲產小牛腿，花了6個小時熬煮的 Osso Buco，49萬VND　**3** 螺貝類佐蒜味美乃滋，36萬VND　**4** 法國產牡蠣，6顆68萬VND　**5** 在露天座位享用別有滋味　**6** 店內陳設走現代簡約風

推薦菜單 *Menu*

· 小牛肉
Carpaccio
23萬VND

· 午餐套餐
29萬VND

Didier Corlou
Verticale的主廚，曾經擔任索菲特大都市飯店➡ **P.44**的行政主廚長達15年，頗負盛名。他善於使用香料，更在Verticale的一樓開設香料賣店。

Close up

以白色為基調，風格簡潔的宅邸
餐廳是獨棟舊屋改裝而成，室內和室外座位都很棒，週廊有寬闊的開放感。

能吃到法國主廚深厚功力的名店

La BadianeLa

旅居越南外國人的愛店，坐在空氣新鮮的露天座位，彷彿置身歐洲一般。餐廳的標誌來自辛香料的八角，店內菜單也融合了亞洲辛香料以及香草的法式料理，廣受好評，用餐需預約。

MAP 附錄P.7 A-4　　　　河內站周邊

所 10 Nam Ngu, Q. Hoan Kiem
交 河內站步行7分
☎ 024-39424509
營 11:30～14:00、18:00～22:00
休 週日

推薦菜單 *Menu*
・午餐兩種套餐（從前菜、主菜、甜點中擇2），49萬5000VND
・午餐三種套餐（含前菜、主菜、甜點），62萬5000VND

1採光良好的開放式設計　2店內用了許多植物裝飾
3可以從主菜、沙拉、義大利麵當中選擇的午餐套餐（含前菜、甜點），39萬5000VND

Close up

殖民風建築的美麗外觀
外觀高雅的建築，露天座位用很多燈籠裝飾，相當吸睛。

推薦菜單 *Menu*
・當季生春捲，14萬5000VND
・炸軟殼蟹佐羅望子醬，25萬5000VND

小巷內的隱密越南料理美食店

HOME

改裝黃色外觀的舊別墅，外表新潮，能品嚐到洗練的越南料理。餐廳對材料的要求很嚴格，海鮮來自芽莊市，蔬菜則是河內近郊新鮮送達，需預約。

MAP 附錄P.4 E-4　　　　河內市南部

所 75 Nguyen Dinh Chieu, Le Dai Hanh, Hai Ba Trung
交 大教堂車程10分
☎ 024-39588666
營 11:00～14:00、17:00～22:00
休 無休

1很有越南風格的開放式空間
2黃色外觀很醒目
3河內名菜Cha Ca，和香草一起食用的炸魚，27萬5000VND

All Day Coffee➡ **P.40**使用法國殖民時期的建築。

逛街途中想喘口氣
就到當地咖啡廳小憩

河內有愈來愈多特色咖啡廳，
如今已是不輸給胡志明市的咖啡天堂了。
在這裡介紹想收進口袋名單，氣氛很棒的咖啡廳。

能感受古早越南的咖啡廳
Cong Caphe

4層建築，店內充滿街頭宣傳畫和復古鋁製雜貨。既有越南氛圍，也充滿了藝術氣息。露臺座位可俯瞰喧鬧的老城區，猶如置身另一個世界。飲料品項豐富齊全。

MAP 附錄P.9 D-4　　　　　老城區

所 35A Nguyen Huu Huan, Q. Hoan Kiem
交 大教堂步行20分　電 0911-811130
營 7:00～21:30　休 無休

這裡最推薦
街頭
宣傳藝術

店內裝飾的街頭宣傳藝術和復古雜貨，讓人感受到越南和藝術的融合。

```
推薦菜單

・新鮮果汁（7種），3萬9000VND起～
 ※根據水果種類有所變動
・椰子咖啡冰沙，5萬5000VND
```

1 中國風圖案的靠墊和琺瑯餐具，越南雜貨迷也很喜歡
2 店內展示的戰爭期間小物也很有意思
3 加了優格的咖啡Sua Chua Cafe，4萬VND，和西瓜汁Dua Hau，4萬9000VND

這個最好喝！
正宗咖啡

精選越南國產咖啡豆，在店裡現場烘焙，可以坐一會兒享受咖啡香。

1 可以品嚐到使用中越種植的講究咖啡豆，新鮮手沖的咖啡
2 間接照明和讓人感覺心曠神怡的窗邊，舒適稱心
3 廣受歡迎的雞蛋咖啡和康普茶，6萬9000VND

有義大利麵和甜點等，種類齊多。

氣氛滿點的殖民風建築咖啡廳
All Day Coffee

使用法國殖民時期遺留的建築改建而成，裝潢融合歐風和越南風，很舒適，能夠享受開心的用餐時光。使用精選越南國產咖啡豆的冰咖啡非常美味，必點的雞蛋咖啡也很受歡迎。

MAP 附錄P.4 E-1　　　　　西湖南部

所 55 Hang bun, Q. Ba Dinh
交 同春市場步行10分　電 024-66615616
營 7:00～23:00　休 無休

```
推薦菜單

・海鮮義大利麵，15萬9000VND
・芒果起司蛋糕，8萬5000VND
```

令人上癮的特色咖啡

河內的咖啡廳有一種加了優格的咖啡，叫做「Ca phe sua chua」，還有加入蛋黃混合的「雞蛋咖啡」等難以想像的品項。兩個都比想像中好喝，一定要試試。

優格咖啡　雞蛋咖啡

天然有機風的隱密咖啡廳

Hanoi Social Club

位於小巷中的隱密店家，內部裝修很漂亮，2樓陽臺旁的沙發座位非常舒適。使用有機茶葉以及契作農家的蔬菜等，走天然有機風格，可以品嚐到各國創意料理。

MAP 附錄P.6 B-3　　　　　　還劍湖周邊

所 6 Hoi Vu, Q. Hoan Kiem
交 大教堂步行10分　　電 024-39382117
營 8:00～23:00　　休 無休

推薦菜單
・萊姆薄荷冰沙 6萬VND

這裡最推薦

法式建築

屋況良好的法式老屋，到處都能感受到法國風情，例如門和花磚，值得慢慢欣賞。

1 恬靜的店內，老城區的喧囂彷彿夢境　2 辛香料味突出的胡蘿蔔馬芬，7萬5000VND，酪梨土司12萬VND　3 4 簡單沉靜的法式花磚與擺設，令人放鬆

這裡最推薦

大教堂

從店家二樓的窗邊座位或室外座位，可以看到大教堂。近在咫尺的鼎穆鐘聲使人身心療癒。

教堂附近的療癒空間

La Place

將大教堂旁的法國老屋重新裝修成咖啡廳。從窗戶能看到教堂和綠樹營造出療癒感。店內的柑橘蜂蜜冰沙等冷飲很受歡迎，也有可麗餅等輕食，想墊墊肚子也很方便。

MAP 附錄P.9 B-6　　　　　　大教堂周邊

所 6 Au Trieu, Q. Hoan Kiem
交 大教堂出發很快可以抵達
電 024-39285859
營 7:30～23:00　　休 無休

推薦菜單
・河內雞肉漢堡9萬5000VND
・生春捲5萬9000VND

1 白色牆壁、綠色窗框、法式花磚，彷彿置身於巴黎的咖啡館
2 萊姆薄荷冰沙、柑橘蜂蜜冰沙各5萬VND
3 從二樓陽台眺望出去的景色也很美

Manzi是兼作畫廊的藝術咖啡廳。對越南藝術感興趣的人，順便去喝杯茶如何？

跟著河內女孩一起吃美味的當地甜點♥

散步途中,不免會想要吃點甜的來消除疲勞,
老城區有許多當地女性常去的名店,
每份的量都不多,連吃很多間也沒問題。

蓮子甜湯
2萬5000VND

Che Sen Da

甜度恰到好處的蓮子甜湯,天氣冷的時候也有賣熱飲

Sua Cua Nep Cam

紫米優格
2萬VND

酸酸的優格裡加入甜紫米,夏天會加碎冰,味道清爽健康又清涼,甜度也非常迷人 Ⓑ

湯圓甜湯
2萬5000VND

Banh Troi Nong

軟軟的湯圓有黑芝麻和綠豆兩種口味,暖胃又Q彈(冬天限定) Ⓐ

椰子凍
4萬5000VND

Thach Dua Xiem

用整顆椰子做的果凍,上層是濃郁的椰奶,下層是清爽的果凍 Ⓑ

Khoai Mon　*Chanh Leo*

紫薯冰淇淋
7000VND

百香果冰淇淋
7000VND

能吃到水果本身甜味的冰淇淋,其他還有榴槤或巧克力等,共10種口味

42

河內名產「綠米糕」

綠米糕是河內的名產，餅皮的綠色來自綠米（未成熟的米粒），包裹綠豆餡。老字號餅舖「Nguyen Ninh」 **MAP** 附錄P.4 E-1最有名，一般尺寸5000VND，賞味期限3天。

碎冰什錦水果粒
3萬VND

10種以上的新鮮水果淋上煉乳和碎冰，混在一起吃

Hoa Qua Dam

加了煉乳，風味濃厚的布丁，小小一個分量滿點 B

焦糖布丁
7000VND

Che xoai

Caramen

芒果布丁
1萬2000VND

順口的奶油下是真材實料的芒果，吃起來非常過癮 B

簡單的冷&熱甜湯

Ⓐ Che Bon Mua

能夠品嚐北部口味的越南甜湯，有白鳳豆、綠豆、黑豆口味，各1萬5000VND，豆類以外也可以加蓮子等配料，用料單純也不會太甜，雖然品項不多，但因為好吃總是門庭若市。依據季節會賣冰或熱的甜湯。

MAP 附錄P.8 B-3　　　　　　　老城區

🏠 4 Hang Can, Q. Hoan Kiem　🚶 大教堂步行15分
☎ 098-4583333　🕙 10:00～23:00　🈺 無休

風味濃厚的布丁和甜湯，種類豐富的甜品店

Ⓑ Minci Pudding

在布丁街附近的甜品店，可以吃到芒果布丁和加了煉乳的卡士達布丁等甜點，每一樣都風味濃郁、美味滿點。

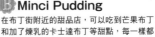

MAP 附錄P.4 E-1　　　　　　　西湖南部

🏠 5 Nguyen Truong To, Ba Dinh　🚶 大教堂車程10分
☎ 024-39273003　🕙 10:00～23:00　🈺 無休

從水果攝取大量維他命

Ⓒ Trang Tri

用了10種左右的綜合水果，加上煉乳、碎冰一起享用的碎冰什錦水果粒，還有新鮮果昔非常受歡迎。

MAP 附錄P.9 B-4　　　　　　　老城區

🏠 46 Hang Gai, Q. Hoan Kiem　🚶 大教堂步行8分
☎ 090-3293505　🕙 10:00～22:00　🈺 無休

便宜又美味的南國冰淇淋

Ⓓ Kem-Sua Chua

有榴槤、山竹、楊桃等口味，全都使用新鮮水果，每一樣都是7000VND，客人絡繹不絕的名店。

MAP 附錄P.7 D-6　　　　　還劍湖周邊

🏠 29 Lo Duc, Q.Hai Ba Trung　🚶 大劇院步行15分
☎ 024-39712611　🕙 8:30～22:30　🈺 無休

Hang Than街 **MAP** 附錄P.4 E-1又名布丁街，從以前開始就有很多美味的布丁和甜品店。

在河內索菲特大都市飯店
滿足少女心

河內索菲特大都市飯店是河內的代表性飯店，
世界各國VIP指定的住宿地點。即使無法負擔住宿費用，
也可以單純使用飯店設施，享受少女氛圍。

1 毛姆套房是飯店內唯一有院子的套房 2 白土建築成為醒目的地標 3 本館的挑高設計以及樓梯都維持著開業時的模樣 4 5 Opera Wing的大廳以及套房則是新古典主義風格

代表越南的 殖民風飯店

河內索菲特大都市飯店
Sofitel Legend Metropole Hanoi

於1901年創業，越南國內第一間五星飯店。查理・卓別林新婚蜜月時曾入住。另外作家毛姆、葛林都曾在此下榻，飯店舊館Metropole Wing有以他們的名字命名的大套房。新館Opera Wing附設SPA、餐廳和酒吧。

毛姆套房內裝飾著歌手瓊拜雅的繪作

MAP 附錄P.7 D-4　　　　　還劍湖周邊

🏠 15 Ngo Quyen, Q. Hoan Kiem
🚇 大劇院步行5分
📞 024-38266919
💰 ⑤①US$370～

臥房則以典雅的擺設為主

盡情享受法國風情……
在露天咖啡座小憩一下

飯店的一隅彷彿巴黎某處的轉角，
點一杯真正的好咖啡，
享受一段充滿法國風情的咖啡時刻吧？

✏ 請到這裡

La Terrasse

彷彿置身巴黎街頭，優雅的露天咖啡座。位於飯店的一隅，很適合點上一杯咖啡，愜意地閱讀，晚上還能享用雞尾酒。

適合閱讀放鬆的咖啡座

🕐 6:00～10:00、11:00～24:00
🚫 無休　💰 12萬VND～

飯店防空洞巡禮

飯店中庭的地下有越戰時期為了讓旅客躲避空襲而建的防空洞，是在2011年改建工程時意外發現的。目前只開放房客參觀，相關細節請洽飯店櫃臺。

盡情享用喜歡的巧克力

現場製作的巧克力Buffet

使用瑞士、比利時、越南產的原料製作的巧克力Buffet。共有40種以上的巧克力甜點任君挑選。

Buffet　請到這裡

Le Club Bar

連房客也很愛的巧克力Buffet。40種以上的巧克力和蛋糕，每一樣的味道都很精緻，感覺無論再多都吃得下。其他像是巧克力鍋、現場製作的可麗餅等……每一樣都難以割捨，從可可豆開始製作的熱巧克力也一定要喝！

1現場製作的可麗餅，最後一步就是淋上巧克力醬　2Buffet有多種口味供選擇　3蛋糕有20種以上

⏰ 巧克力Buffet15:00～17:30，爵士樂演奏20:00～23:45　休 爵士樂演奏每週一休息　💰 60萬VND

在河內最高級的SPA放鬆身心

穿過中庭走廊，就能抵達Le Spa。接下來就是讓自己蛻變的時間了。

Spa

請到這裡

Le Spa

榮登美國旅行雜誌《Travel+Leisure》中，全球飯店SPA的前五名。提供精油按摩和基礎保養，使用Ytsara等世界知名保養品牌。

⏰ 10:00～21:00　休 無休
💰 190萬VND～(60分)

1占地約400平方公尺，共有8間獨立包廂　2使用法國品牌的精油　3內裝融合亞洲和法國風，有著獨特風情的單間包廂

據說越戰時，美國女演員珍‧芳達為了反戰活動，在此下塌兩個月。

消除日積月累的疲勞
用奢侈的 SPA 犒賞自己

想著平時工作累積的疲憊，旅遊一定要有療癒景點！
尤其是在河內，考慮到使用的產品和服務，
價格一定會比國內划算。

Amadora Wellness & Spa

這裡有最新儀器和設備

位於VINCOM CITY TOWERS附近的奢華SPA會館，總共有5層樓、14間包廂，並擁有河內唯一的水療池，需預約。

MAP 附錄P.4 E-4　　　　　河內市南部

🏠 250 Ba Trieu, Q. Hai Ba Trung
🚗 大教堂車程8分
📞 024-39785407
🕐 9:00~20:00
🈺 無休

其他的推薦選項

❖ 美白　110分／173萬5000VND
❖ 精油全身按摩　120分／147萬5000VND

■1 灑滿玫瑰花瓣的浴池令人興奮
■2 ■3 大受歡迎的 Ocean Voyage服務，依照身體部位沖淋不同水柱的水療體驗

推薦 SPA MENU
Ocean Voyage
150分／187萬5000VND
Ocean Voyage

■1 會館客人專用的泳池　■2 用evian水瓶裝飾的迎賓牆　■3 河內市街一覽無遺　■4 可以和朋友一起享受，另外也有VIP ROOM

推薦 SPA MENU
Le Precieux
（全身及臉部按摩）
180分／500萬VND
Le Précieux

evian Spa

使用evian的奢華SPA

知名品牌「evian」的SPA會館，按摩浴缸、泳池都是使用evian的水。有全身、臉部等多樣服務，記得先預約喔。

MAP 附錄P.5 B-2　　　　　河內市西部

🏠 34~35F Lotte Hotel Hanoi, 54 Lieu Giai,Q.Ba Dinh　🚗 胡志明主席陵車程10分
📞 024-33331000　🕐 10:00~22:00（最後入場時間依所需時間而異）　🈺 無休

其他的推薦選項

❖ Equilibre（足部按摩）
　60分／160萬VND
❖ Hanoi Signature（全身按摩）
　60分／160萬VND

享受SPA需要注意的地方

雖說越南並沒有給小費的習慣，但在SPA會館或按摩會館，一般每小時會給10萬VND的小費。要是遲到可能會被取消預約，有狀況最好事先聯絡。另外，按摩時要好好保管貴重物品喔。

Son Spa

用天然香草和神祕的頌缽療癒身心

河內格蘭美爵飯店內附設的SPA會館，越南傳統按摩和使用天然精油的芳療按摩都很受歡迎，另外也有使用頌缽聲音的療程。會館有按摩浴缸，正適合觀光後好好充電，需預約。

MAP 附錄P.11 A-4　　　　　河內站周邊

🏠 河內格蘭美爵飯店◎ P.81
🚇 美術館步行5分　📞 024-32115757
🕐 10:00～20:00　🈺 無休

其他的推薦選項

❖RELAXING AROMATHERAPY
60分／112萬VND
❖INDIAN HEAD MASSAGE
40分／82萬VND

■沉浸在按摩浴缸中，優雅且舒緩的放鬆時光　■也有頌缽療癒　■RELAXING AROMATHERAPY有三種選擇　■櫃臺的傳統竹編裝飾非常高級　■按摩師全體都受過培訓，過程非常享受

推薦 SPA MENU
SWEDISH THERAPY
90分／160萬VND
Ciel Signature Package

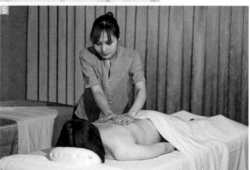

高級SPA的選單上若標示「＋＋」，代表價格已包含稅金（VAT10%）和服務費（5%）。

沉醉於河內夜景與夕陽
河內高空酒吧

還劍湖、西湖、河內的街燈，
在高空酒吧盡情感受河內的晚風以及美景吧，
這裡介紹其中特別受歡迎的景點。

能眺望還劍湖的特等席♪

這裡景觀最美

還劍湖

視野遼闊的還劍湖，
在夜晚燈火的襯托下
更顯浪漫

6 右起為加了新鮮薄荷的Mojito，12萬VND。以及真材實料的芒果汁，8萬5000VND　**7** 也有半戶外的座位

芥菜和蝦子的顏色搭配起來很好看！

1 六樓頂樓的座位，晚風舒適，還可眺望還劍湖　**2** 前面是檸檬草炒牛肉，25萬VND，後面是大蒜炒蝦，15萬VND　**3** 蛙鳴和徐徐風聲是大自然的背景音　**4** 工作人員的制服和店內裝潢都是年代經典風格　**5** 鮮蝦蔬菜芥菜捲，23萬5000VND

能眺望還劍湖與夜景
Cau Go

位於老城區Cau Go路附近，建築頂樓的高空餐廳。從圍起的透明玻璃向外望，能看到街燈倒映在還劍湖面上。餐廳樓下也有吧台座位和一般座位，可依照喜好選擇。餐廳的料理每一樣都好吃，價格也平易近人，無論是用餐還是小酌都非常適合。

MAP 附錄P.9 C-4　　　　　　　　　老城區

🏠 6-7F 73 D,Cau Go, Q. Hoan Kiem
🚶 大教堂步行10分　☎ 024-39260808
🕙 10:00～22:00　休 無休

這裡的景色最美

落入湖中的夕陽
西湖水映照著夕陽，閃著奪目的金黃色，晴天時仿若仙境

欣賞夕陽落入西湖的美景
Sunset Bar

以美麗日落而聞名的OPEN BAR，像是漂浮在湖面的島嶼。從飯店出發，走過路燈照亮的橋就能抵達酒吧。靜靜落入西湖的夕陽令人感動，遠離河內市中心的喧囂，度過一個安穩的夜晚。

MAP 附錄**P.10 C-2**　　　西湖北部
🏠 河內西湖洲際飯店 ➡ P.82
🚕 胡志明主席陵車程10分
☎ 024-62708888
🕐 16:00～24:00　休 無休

1名符其實的「Sunset Bar」，美麗的夜景在眼前一覽無遺 2住在西湖畔的歐美人士經常光顧，大約只有60個座位，若想欣賞夕陽，推薦在16:30左右到場 3悠閒欣賞落入西湖的夕陽 45有多樣雞尾酒可選擇

慕色朦朧的絕景亮點
The Summit

位於泛太平洋飯店20樓的頂樓酒吧。店內裝潢時尚，戶外座位則採用玻璃帷幕，可以看到西湖對岸的夜景，美得令人屏息。服務也如飯店一般周到，讓人心情舒暢。若想欣賞被夕陽逐漸染紅的黃昏景色，推薦夏天17點，冬天16點到場。

MAP 附錄**P.4 D-1**　　　西湖南部
🏠 河內泛太平洋飯店 ➡ P.82
🚕 胡志明主席陵車程7分
☎ 024-38238888
🕐 16:00～23:00
休 無休

這裡的景色最美

從20樓眺望河內市區
店內周圍都是採用透明玻璃，因此無論室內室外都看得到美景，彷彿置身空中

女性會喜歡的雞尾酒♪

1西湖對岸的美麗燈火 2時尚的店內裝潢 3服務人員都是俊男美女 4左起是椰子風味的Blue Moon，19萬VND、Zacapa in Rouge，22萬VND

河內少有高樓大廈，因此位於頂樓的高空酒吧很搶手，傍晚是熱門時段，建議早點入內。

河內小點心圖鑑

肚子餓了
想來點……

越南菜分量都不大，
因此也有吃點心的習慣。
從甜食到正餐類，看看有哪些小點心吧。

Banh Troi

湯圓

加了黑糖和冰糖的甜點，3月3日是越南的寒食節，有吃湯圓的習俗

1萬5000VND

Banh Bao

1萬5000VND

包子

熱呼呼的肉包，厚厚的麵皮包著豬肉或中式香腸等餡料，還有鵪鶉蛋，分量紮實

6萬VND

Banh Trang Tron

涼拌米紙

將米紙剪成條狀，和香菜、鮮蔬、豬肉等食材拌勻之後食用，味道帶點酸，吃起來類似沙拉

2萬VND

攤販會在飯後時間或傍晚時分出現。

Banh Goi

炸餃子

米粉漿製成的皮，包著豬肉、冬粉、木耳等餡料炸成的大餃子，和香草一起吃，味道較清爽

1個 9000VND

Banh My Bit Tet

越南法國麵包

法棍麵包夾著煎蛋、鮮蔬、牛排，分量紮實，推薦給喜歡吃肉的人

小小的澱粉點心，兩三下就能解決♥

豆花

有點像台灣豆花的嫩豆腐，加上糖水一起食用，有些店會加糖水煮過的豆類

Tao Pho

Dua

1萬5000VND

鳳梨

飯後水果不可少，可以買芒果或木瓜等現切的袋裝水果

1萬5000VND

Banh Ran

2個 5000VND

炸餅

有黑糖或芝麻等，每攤大概2～3種口味的越南甜甜圈。聽說越南版《多啦A夢》喜歡的不是銅鑼燒，而是炸餅呢

※上述為概略價格，每間店舖各有差異

微深度旅遊 ——
用另一種方式玩河內

走完越南的熱門行程後，
也參考一下河內的進階觀光方式吧。
可以在怎麼拍都好看的景點拍美照，
也可以到現下熱門的時尚地區逛逛，
與河內人一起品嚐道地美食也不錯。
一起發掘不同的越南吧！

健康又美味
的河內料理。

尋找上相的風景，
還劍湖攝影散步

位於河內市中心的還劍湖，周遭有許多歷史建築，
對攝影愛好者來說，是超棒的取景寶庫。
可以在拍照的同時，走遍附近的觀光景點喔！

哇啊！

BEST SHOT♥

A-1 本為佛教寺院遺址，現改建為哥德復興式教堂，前方廣場聚集許多觀光客 A-2 幼兒園小朋友的散步時間，大家都抓著前面的人的衣服排好隊伍 A-3 教堂內部的彩繪玻璃非常漂亮。在彌撒時間，周邊都能聽見教堂鐘聲 B-1 建於19世紀阮氏王朝的寺院大門 B-2 很有當地風情的棲旭橋，一直延伸到玉山島上的玉山祠正殿

大劇院，演出
當天的日落後
會點上華麗的
燈光

河內的大地標
Ⓐ 大教堂
Nha Tho Lon

是河內最大的教堂，也是一大地標。從1912法國殖民時期，經過100多年後，改建為現在的哥德復興式建築。教堂前的Nha Tho路周遭有許多時尚的咖啡廳和商店。

MAP 附錄P.9 B-6　　　大教堂周邊

🏠 40 Nha Tho, Q. Hoan Kiem　🚇 大劇院步行20分　☎ 024-39286350
🕐 彌撒時間為週六5:30~18:00，週日5:00~20:00間總共8次　休 無休　💰 免費

位於市中心的傳說湖泊
Ⓑ 還劍湖
Ho Hoan Kiem

位於河內市中心的湖泊。傳說黎朝開國皇帝黎利以聖龜的寶劍，擊敗元朝軍隊，後將寶劍奉還神龜，即還劍（Hoan Kiem）湖的由來，湖中小島上的玉山祠還供奉有其他古聖先賢。

MAP 附錄P.9 C-5　　　還劍湖周邊

🏠 Ho Hoan Kiem, Q. Hoan Kiem
🚇 大教堂步行15分　🕐 玉山祠7:30~18:00（週六、日到21:00）
休 無休　💰 玉山祠3萬VND

典雅的法式建築
Ⓒ 大劇場
Nha Hat Lon

自1901年起花費10年，參考巴黎歌劇院建成。經過數度裝修，在1997年復原修繕完成。至今仍有許多劇目在此上演，需購票才能入內。

MAP 附錄P.7 D-4　　　還劍湖周邊

🏠 1 Trang Tien, Q. Hoan Kiem
🚇 大教堂步行20分　☎ 024-39330113
🕐 20:00~22:00　依演出劇目有所異動
💰 依演出劇目有所異動

拍美照的方法

若以大教堂為例，若將整座建築拍進照片，畫面會太複雜，請聚焦於最喜歡的地方，周圍可忽略。其他例如：和花朵合照，照片就會很有女性氛圍，飲食用自然光拍起來最好看，用手拿著料理拍照也是有趣的角度，拍人像時別忘了在確認畫面時也要保持笑容，用眼神對話最能拍到自然的笑臉。（攝影師西澤智子）

Café Pho Co的入口

穿過店面

和還劍湖合照一張

爬上螺旋梯

D-1　D-2

在郵局買的越南郵票

D-1 雞蛋咖啡，4萬5000VND，是和奶昔一樣溫潤的滋味
D-2 Café Pho Co能俯瞰還劍湖景，可以在這間景觀咖啡廳度過一段悠閒的咖啡時光　E 位於還劍湖前的郵局

能眺望還劍湖景的隱密咖啡廳
Ⓓ Cafe Pho Co

能眺望河內市街以及還劍湖景，視野極佳的咖啡廳。店家的入口不太好找，要從湖後方的土產店旁進去，走上一道螺旋梯才能到。在樓梯前點餐。

MAP 附錄P.9 C-4　　　　　　老城區

🏠 11 Hang Gai, Q. Hoan Kiem　🚶 大教堂步行10分
☎ 024-39288153　🕐 8:00～23:00　🈺 無休

值得一去的美麗建築
Ⓔ 河內中央郵局
Buu Dien Thanh Pho Ha Noi

位於還劍湖南邊，緊鄰國際郵局的中央郵局。建於1886年法國殖民時期的珍貴建築，屋頂處有一個大時鐘，默默地守望還劍湖度過時光。

MAP 附錄P.7 C-4　　　　　　還劍湖周邊

🏠 75 Dinh Tien Hoang, Q. Hoan Kiem　🚶 大劇院步行8分
☎ 024-38254403　🕐 7:30～19:00（週日、節假日8:00～18:00）　🈺 無休

（地圖）

Cau Go　Hang Thung　Phuc Tan
Ⓓ Café Pho Co
Hang Gai
Ham Tu Quan
Ⓣ 昇龍水上木偶劇場 P.74
Hang Dao
Ⓣ 玉山祠
❌ 警察署
Ⓐ 大教堂　Ⓑ 還劍湖
龜塔
李太祖像
ZEPHYR HOTEL Ⓗ
步行6分
P.82 美利亞飯店 Ⓗ
Ⓔ 河內中央郵局 P.29・44
河內來菲特 Ⓗ 大都市飯店
歷史博物館 🏛
歌劇院美憬閣飯店 Ⓗ P.81
大劇院 Ⓒ
婦女博物館 🏛

展示婦女對越南社會以及文化影響的博物館 **MAP** 附錄P.7 C-5，收藏的手作品很有趣。

享受河內風情
在知名景點創造回憶

千年古都河內,除了歷史建築,
街道上的藝術創作也讓人不禁想按下快門。
河內到處都是拍照的好地方,試著拍出最棒的回憶美照吧。

連一般的小店也是
殖民風建築

#WALL_ART

門也好漂亮

一般的老宅也美得
像幅畫／B

很多商店
都很漂亮／B

#殖民風建築

在喜歡的創作前
拍張照吧／A

幻視藝術風
的壁畫

彷彿和壁畫融為一體／A

對著建築物,以斜角構圖拍攝吧／B

越南與韓國的共同創作

Phung Hung

從河內站到龍編橋間,有一道長長的拱形石牆,上面的壁畫是為了紀念越南和韓國建交25周年,集結兩國藝術家完成的街頭藝術,繪製傳統的越南街景,去找出最喜歡的畫作吧。

 附錄P.8 A-2   老城區

俗稱殖民街

B Nguyen Quang Bich

周邊有Hang Da Galleria,可以在Mojito Bar & Lounge品嚐河粉口味雞尾酒,還有河內訂製時尚飯店,街邊民宅都是殖民風建築,讓人想到巴黎。

MAP 附錄P.6 B-3   老城區

獲金氏世界紀錄的陶瓷壁畫

C 陶瓷馬賽克壁畫街
Ceramic Mosaic Mural

全長約7公里,世界第一長的馬賽克畫,是為了紀念2010年「河內遷都1000年」的創作。使用大量鉢場陶瓷鑲嵌而成,描繪了越南風景、歷史、歲月等豐富主題。

MAP 附錄P.6 D-3   還劍湖周邊

多樣的建築風格

河內有許多融合不同民族和越南文化的建築，如哥德復興式大教堂和殖民風建築的大劇院。

沒有人行道的地方也有壁畫，可以多留意／C

#陶瓷藝術

雞蛋咖啡
9萬5000VND／E

#絕景咖啡廳

一邊散步
一邊欣賞藝術

各式各樣的作品並列展出，光是一邊散步一邊欣賞也很有意思　C

可以在室外座位悠閒喝越南的特色咖啡♪

涼爽的戶外座位以及必看的景色／E

#復古鐵橋

在咖啡廳邊欣賞美景邊休息！／D

#西湖的蓮池

6～7月造訪時，推薦早起前往

上午7～9點盛開！

西湖

6～7月是蓮花的花季，連越南女孩都會特地早起去拍照。早起前往西湖，可以看到採蓮花的景象。

歷史悠久的鐵橋

D 龍編橋
Cau Long Bien

紅河上的長鐵橋，於1902年建成。在越戰時期被炸毀，目前已經修復。鐵軌禁止進入。

 MAP 附錄P.6 C-1　　　　西湖周邊

所 Ngoc Thuy, Long Bien
交 同春市場步行15分　⏰ 無
費 自由參觀

能眺望河內街道的咖啡廳

E Serein Cafe Lounge

為了讓人們更親近龍編橋開的咖啡廳。店內內裝典雅，擁有很多死忠顧客，戶外座位能看到龍編橋全景。

 MAP 附錄P.8 B-1　　　　西湖周邊

所 16 Tran Nhat Duat, Q. Hoan Kiem
交 同春市場步行3分　☎ 093-6446221
營 8:00～22:30　休 無休　價 15萬VND起

陶瓷馬賽克壁畫街就在龍編橋附近，推薦一起逛逛。

感受越南歷史，
胡志明主席陵周邊巡禮

西湖南邊一帶有許多歷史相關設施，
如胡志明故居、陵寢，越南第一座大學的文廟、昇龍皇城遺跡等……
一起走訪這些古蹟或景點，走進歷史文化吧！

1 為國家鞠躬盡瘁的英雄陵寢
胡志明主席陵
Lang Chu Tich Ho Chi Minh

配合1975年的越南國慶日建成，胡志明的
遺體即安置於此。瞻仰水晶棺的機會一天
只有一次，內部需保持肅穆，嚴禁攝影。
位於前方的巴亭廣場則因1945年9月2日，
胡志明在此宣讀獨立宣言聞名。

位於巴亭廣場
的聖地

MAP 附錄P.11 B-2　　　　西湖南部

🏠 2 Hung Vuong, Q. Ba Dinh　🚗 大教堂車程
10分　📞 024-38455128　🕐 7:30～10:30（週
六、日至11:00）、11～3月8:00～11:00（週
六、日至11:30）　🚫 每週一、五、6月15日～8
月15日※根據維護期間異動　💰 免費

胡志明
Ho Chí Minh（1890～1969）
越南民主共和國第一任主席。以民
族解放與獨立為畢生志願，參與越
南革命運動。親民及清廉的形象受
到人民喜愛，並親暱地稱他為「胡
伯伯」。

❶瀰漫著嚴肅氣氛的胡志
明主席陵，需注意只能攜
帶隨身物品、禁止攝影
❷使用越南產大理石的建
築，入場需注意服裝不得
過於暴露

胡志明主席的故居

2 能感受到胡志明性格的故居
胡志明故居及主席府
Khu di tich chu tich, Ho Chi Minh/Tai phu chu tich

胡志明於1954～1969年間居住的高腳屋。從
走廊便能一眼望見書房和寢室，亦能感受到
其主張樸素生活的性格，庭院裡也有茉莉花
等樹木，還有鯉魚池，值得一探。

MAP 附錄P.11 A-2　　　　西湖南部

🏠 1 Bach Thao, Q. Ba Dinh　🚗 胡志明主席陵步
行7分　📞 08044529　🕐 7:30～11:00、13:30～
16:00（11月～3月為8:00～11:00、13:30～16:00）
🚫 每週一下午　💰 4萬VND

可以一起參觀

建議可以將胡志明主席陵
和故居安排在一起參觀，
參觀故居時從，可以從
Hung Vuong路的入口入
內

❶樸素的高腳屋住宅　❷窗戶用蕾絲窗簾遮掩，可一窺
高雅品味　❸書房擺放著主席愛用的時鐘、書桌　❹一
樓客廳有黃金魚　❺❻紀念品區有多種胡伯伯相關商
品，如紙鎮、胡志明主席陵磁鐵、明信片等

整個繞上一圈 **180分**

観光建議
由於人潮眾多的關係，建議可以提早出發、在上午前往參觀，胡志明主席陵與故居可以排在同一天。若時間充裕，更可以順道參觀文廟。

建議出遊的時段

越南美術博物館
從現代越南藝術到少數民族服飾，以及李王朝時代的陶器等，收藏許多貴重的美術品 **MAP** 附錄P.11 B-4。西洋與越南風格融合的建築是另一種美。

佛堂內供奉有小觀音像

3 宛如蓮花
佇立於池中

一柱寺 Chua Mot Cot
由李王朝的皇帝，李太宗於1049年建設。根據夢境裡站在蓮花上的觀音菩薩建造，在一根石柱上搭建四邊3公尺的方形佛堂，建築非常特殊。

MAP 附錄P.11 A-2　　　　　　　　西湖南部
所 Chua Mot Cot, Q. Ba Dinh　図 胡志明主席陵步行3分
營 24小時　休 無休　費 免費

小憩一下

4 高水準的
餐點和服務

KOTO
位於文廟對面的餐廳，共四層樓，每一層都是不同的氛圍，能嚐到越南菜和洋食。

1 店內氣氛很好
2 熱門菜單：牛肉米綫・13萬VND
3 餐廳人員都是職校學生，服務周到貼心

MAP 附錄P.11 B-4　　　　　　　　西湖南部
所 35 Van Mieu, P. Van Mieu, Q. Dong Da　図 文廟步行2分
電 024-66867736　營 10:00～22:00
休 無休

步行8分

Quan Thanh
鎮武觀
北門教堂
Phan Dinh Phung
北正門
越南主席官邸
Hoang Van Thu
P.57 昇龍皇城遺址
胡志明故居
巴亭廣場
後樓
胡志明主席陵 敬天殿
一柱寺
端門
胡志明博物館
Chua Mot Cot
Le Hong Phong
越南軍事歷史博物館
Hung Vuong
警察
Tran Phu
列寧銅像
P.57 越南美術博物館
Nguyen Thai Hoc
文廟　KOTO
Quoc Tu Giam

---

5 越南最古老的大學

文廟 Van Mieu
於1070年為了祭祀孔子建立，另稱孔廟。可說是越南第一座大學，800年以來培養出許多優秀人才。

MAP 附錄P.11 B-4　　　河內站周邊
所 58 Quoc Tu Giam, Q. Dong Da
図 胡志明主席陵步行20分
電 024-38235601　營 8:00～17:00　休 無休　費 3萬VND

1 境內會舉辦傳統音樂會
2 進士碑，龜趺造型的石碑上刻有科舉進士的姓名

有時間還可以來這裡！

昇龍皇城遺跡 **MAP** 附錄P.11 C-2
Imperial Citadel of Thang Long

2002年改建國會議事堂時發現的7～19世紀古蹟群。11～19世紀各朝代以昇龍（河內舊稱）為中心擴建皇城，並於2010年被聯合國教科文組織列入第7號世界遺產。

微深度旅遊，用另一種方式玩河內／胡志明主席陵周邊巡禮

胡志明主席陵前的巴亭廣場，每天早上六點會舉行升旗典禮。

現在最熱門的地方
XUAN DIEU 街周邊購物之旅

河內的最新流行資訊，都在西湖東北部區域，
其中最熱門的商店都在XUAN DIEU街，
讓我們一起欣賞西湖景色，一邊瀏覽漫步吧！

時尚人士的愛店
A Chula

西班牙設計師所設計的洋裝大受
歡迎，甚至有人特地從遠處來訪
購買。店內服飾有高冷、傳統、
性感等多樣風格可供選擇。

MAP 附錄P.10 A-1　　　　西湖北部

- 所 43 Nhat Chieu, Q. Tay Ho
- 図 胡志明主席陵車程20分
- ☎ 024-37101102
- 圖 9:00～18:00　休 無休

騎自行車
也很舒適。

大大的花朵圖案
非常吸睛，720
萬VND

非正式電審
也可以穿。

典雅的黑色洋
裝，７２０萬
VND，花紋設
計很顯眼

很有店家風格的
繽紛圓點洋裝，
1013萬VND

A

在草地上
嘲大湖。

To Ngoo Van

三明治分量紮實♪

在這裡小憩一下

What's!

XUAN DIEU街介紹

西湖東北部地區是現在最發達的區域，其中
XUAN DIEU街最為繁華，能眺望湖景的地點更
可說是河內景觀最好的地方。
MAP 附錄P.10 B-2

當地人也喜歡的咖啡廳
B Joma Bakery Cafe

四周綠意環繞，佇立於閑靜地區的隱密
咖啡廳。店家的三明治及甜甜圈，和嚴
選咖啡非常對味。

MAP 附錄P.10 B-1　　　　西湖北部

- 所 43 To Ngoc Van, Q. Tay Ho
- 図 胡志明主席陵車程12分
- ☎ 024-317-6071　圖 7:00～21:00
- 休 無休

Au Co

找到時尚的
商店了♪

Xuan Dieu

D

Clom's
Closet

沿著湖邊漫步
心曠神怡♪

C

100%絲製上
衣，彷彿水彩畫
的植物圖案，
340萬VND

原料含有竹子成
分的T恤，吸水性
佳，穿起來很涼
爽，70萬VND

購物同時對SDGs有所貢獻
C Humanity Hanoi

販售越南及東南亞的服飾、保養品和雜
貨。店家會將營收的5%捐贈女性和孩童
的支援慈善團體，是符合永續發展目標
（SDGs）的店家。

MAP 附錄P.10 C-2　　　　西湖北部

🏠 13 D. Xuan Dieu, Q. An, Tay Ho
🚗 胡志明主席陵寢車程13分
📞 079-6100050　🕐 10:00～18:00（週五、六
至19:00），週一採預約制　休 無休

使用天然材料製作的香水，左
側起為粉紅鬱金香、茉莉花、
綠茶、柚子香味，各145萬VND
（50毫升）

丹麥品牌直營店
D Copenhagen Delight

販售女性及孩童用的進口商品。
主要是由丹麥設計師操刀的服飾
以及雜飾擺飾等多樣商品。

MAP 附錄P.10 B-2　　　　西湖北部

🏠 55 D. Xuan Dieu, Q. Tay Ho
🚗 胡志明主席陵寢車程13分
📞 024-39340000
🕐 9:00～19:00（週六為10:00～
18:00）　休 無休

去XUAN DIEU
逛街！

100%純棉涼爽洋裝，
各100萬VND

西湖府 **MAP** 附錄P.10 A-3為聖母信仰的聖地，從此處眺望的湖景非常美

復古花布、鈕釦、緞帶
手作愛好者必走行程

河內是手作愛好者的天堂，
從中、法殖民時期的古董，到俄羅斯製的材料都有，
一起在這裡尋找可愛的手作材料吧。

刺繡織帶
embroidered tapes

繡線
machine sewing thread

這個蕾絲怎麼賣？

針
needles

布料
cloths

手作用具
handicrafts tools

1 使用有光澤的線編織的裝飾帶，每公尺5000VND起Ⓐ
2 印有獅頭標誌的繡線，4個2萬VNDⒶ
3 Hang Bo街是手作愛好者的聖地
4 可愛的心形圖案縫紉針，2萬VNDⒶ
5 市場有中國布料和少數民族布料等，種類多樣且齊全，每公尺5萬VND起Ⓒ
6 也有販售木尺、捲尺等懷舊雜貨Ⓐ
7 在其他地方賣很貴的古董

風格鈕釦，在這裡任君挑選，5000VND起Ⓑ
8 以前的裁縫剪刀，2萬VNDⒸ
9 裝傻臉的雜與金豬的刺繡貼片各2萬VNDⒷ
10 Hang Bo街以批發為主，不過有些店可以零買，或是不用買那麼多，可以問店員
11 蕾絲也有各種設計與尺寸，5000～1萬5000VNDⒶ

路上有許多手作攤販

 Hang Bo

這裡批發專賣店很多，部分店家也有零售，從線材到緞帶、蕾絲等等，多樣化的商品，只是逛逛也很過癮。要找手作的物件或材料來這裡就對了。

MAP 附錄P.9 B-4

老城區

所 位於Hang Bo街、Hang Ngang街和Hang Can街之間
交 大教堂步行10分　時 9:00～18:00（視店鋪而異）　休 無休

在市場要小心扒手

人多混雜的市場和路上容易被扒手盯上，尤其是同春市場及其周邊，這類觀光客多的地區要特別小心。老城區也有人遇過機車搶劫。建議在觀光遊覽時，將包包挪到胸前。

古董風鈕釦

antique buttons

7

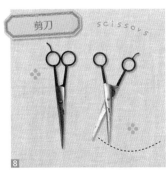

scissors

剪刀

8

刺繡貼片

emblems

9

有需要喔，
需要縫公仔？

10

蕾絲

laces

11

手作愛好者會喜歡的地方

B **Hom市場** Cho Hom

距離還劍湖往南1公里，有座兩層樓的市場，在生鮮食品賣場前有鈕釦行。二樓也有販售布匹和布製品，數量眾多，可以仔細逛逛。

MAP 附錄P.7 C-6　　　　　　　　還劍湖周邊

所 79 Pho Hue, Q. Hai Ba Trung　因 大教堂車程7分
營 6:00～18:00　休 無休

什麼都有的綜合市場

C **同春市場** Cho Dong Xuan

河內最大最早開設，熱鬧的市場。位於老城區北部，腹地廣闊。一樓販售生鮮食品、日用雜貨、伴手禮，二樓有布料等，想得到的東西都有在賣。

MAP 附錄P.8 B-2　　　　　　　　老城區

P.19

同春市場非常大，若走散了可以約在市場中央噴水廣場集合。

在超市購買可愛又實用的伴手禮

當地超市可以買到便宜又討人喜歡的伴手禮，可說是寶庫。
給公司同事的伴手禮就買零食，喜歡做菜的人可以買調味料或食材，
有美容效果的茶或美容小物也很推薦。

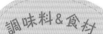

調味料&食材

容易保存的沖泡食品
和米紙、調味料，是越南的
代表性伴手禮。

辣醬

大蒜辣椒醬油

能輕鬆重現越南風
味的調味料／1萬
5000VND（左）、1萬
9000VND（右）

> 價格比在台灣買
> 便宜許多，可以
> 大量購買。

米紙

用水泡軟之後包蔬菜
和肉，生春捲就完成
囉！／1萬8000VND

炸蝦餅

油炸之後會膨脹好
幾倍的蝦餅／1萬
3400VND

河粉泡麵

從上至下為蛤蜊、牛
肉、雞肉口味的河粉
泡麵，適合墊肚子／
各8000VND起

> 光是國民食品河粉就
> 有很多種類，拿來開
> 箱比較也很有趣。

茶&酒

除了蓮花茶、菊花茶以外，
還有各式各樣的茶，
充滿整排貨架，
對美容很好。

> 帶著蓮花香的綠茶，
> 味道清爽容易入口。

蓮花茶

有促進新陳代謝，讓
肌膚變美的美人茶／
2萬1400VND

啤酒

河內產的BIA HANOI和
HALIDA佔大宗／各1萬
200～1萬8200VND

菊花茶

有助舒緩眼睛疲
勞的代表性茶
飲，無咖啡因／
1萬8900VND

百合花茶

很多人會買來解
酒，對宿醉很有
效，也具利尿效果
／2萬7000VND

在這裡買

> 位於老城區南部，非常方便

Intimex

位於還劍湖西邊，觀光回程可以順道過
去。商店入口前有寄物櫃，可以將行李
寄放該處。一樓主要賣食品，二樓則是
雜貨和伴手禮。

MAP 附錄P.9 B-6　　　大教堂周邊

住 120 Hang Trong, Hoan Kiem
交 大教堂步行3分　電 024-38256148
時 7:00～22:00　休 無休

搬遷後入口
變明顯，更
加方便了

超市可以寄放行李
行李可以先寄放，有些超市會有寄物櫃，有些則是交給工作人員再領號碼牌。只要攜帶錢包等貴重物品進去購物就好。

綠豆糕

點心零食
越南才買得到的特色小零食，最具代表性的例如果乾、腰果、綠豆糕。

綠豆做的糕點，口感像日本點心，入口即化，不死甜／2萬～3萬VND

帶皮腰果

越南的腰果輸出量是世界第一，帶皮的腰果帶點澀味，是成熟的好味道／12萬600VND(250克)

除了基本款的鹽味，其他也有辣味、甜味等多種口味。

乾果片
乾燥的香蕉、芒果、火龍果等熱帶水果／4萬7500VND（150克）

葵瓜子
咖啡廳必備茶點，綠色為椰子風味，需自行剝殼／2萬3600VND

美容&雜貨
越南女性很注重美容以及美白，超市正是購買平價保養品的好地方。另外也推薦大眾日用品。

動物圖案、格紋等其他地方較少看到的樣式，非常可愛♪

濕紙巾
清新的蘋果和小黃瓜香味，讓流汗的肌膚能夠保持清爽／各7000VND

布口罩
阻擋髒空氣和日曬／1萬6000VND～

薑洗面乳
廣受越南女性歡迎的HAZELINE洗面乳／2萬5200VND（50克）

美白乳霜
HAZELINE的美白乳霜，有抑制肌膚出油的效果／5萬7000VND

日用品的種類琳瑯滿目

Winmart
位於還劍湖東側，主要客群是外國人，因此多有英語標示。不止食品，也有販售多種日用品，很適合買來當伴手禮，入口前有寄物處。

食品、日用品、伴手禮等多樣商品可供選擇

MAP 附錄P.9 D-5　　　　還劍湖周邊
🏠 27A Ly Thai To, Q. Hoan Kiem
🚶 大教堂步行20分　📞 024-7106-6866
🕐 8:00～22:00　🚫 無休

超市一些罐裝食品，例如蜂蜜，有時密封性不是很好，建議購買前先確認。

不只河粉！老鳥不能錯過的BUN，在嘴裡炸開的多彩滋味

相較南越，位於北部的河內較常吃米線，
米線是比河粉更細的米製麵條，特徵是又滑又Q的口感。
這裡介紹螃蟹、豆腐、淡水魚、肉類四種主流口味。

番茄湯底帶點酸味

蟹膏米線
Bun Rieu Cua
7萬5000VND

用香蕉葉包裹之後蒸熟的豬肉嚐起來很美味

河內的靈魂食物

炸豆腐米線
Bun dau MamTom
8萬VND

現炸豆腐味道清淡爽口，和蝦醬強烈的風味很搭

發酵過的紫色蝦醬，一旁有豆腐和香草，搭配米線和蝦醬一起食用

加了澤蟹膏的湯頭，米線和螃蟹的味道巧妙地融合在一起

這樣吃，更好吃
隨餐附的香草和萵苣可以配著一起吃，享受蔬菜爽脆的口感♪

這樣吃，更好吃
越南也很多人不敢吃蝦醬，只沾魚露蘸醬也很好吃。

米線剪成容易入口的長度，方便沾醬吃

外國遊客常去的專賣店
Bun Rieu Huyen Thu
當地人也常去的湯米線專賣店，營業時間很早，價格平易近人，能感受到越南日常的大眾餐館。

這裡吃得到！

MAP 附錄P.7 B-5　　還劍湖周邊
🏠2F Quang Trung, Q. Hoan Kiem
🚶大教堂步行12分　📞024-39426568
🕐6:00～14:00　休無休

小巷裡的熱門店
Bun Dau Co Tuyen
只賣炸豆腐米線，但配菜種類很多，可自由搭配享用。

這裡吃得到！

MAP 附錄P.7 C-4　　還劍湖周邊
🏠29/31 Hang Khay,Trang Tien, Q. Hoan Kiem
🚶大教堂步行5分　📞024-39426568
🕐6:00～14:00　休無休

「湯粉」也是河內特色菜

雞高湯底的湯粉也源自河內，麵裡放了雞肉和雞蛋等四種料，味道較清淡，即使是食慾不振時也很好入口。

用蒔蘿提香的炸魚

炸鱧魚
Cha Ca
24萬VND

米線配豬肉丸一起享用

烤豬肉米線
Bun Cha
18萬VND

這樣吃，更好吃

加入蒔蘿去腥，再放入蔥、洋蔥等大量蔬菜，加上醬汁一起享用。

用薑黃醃過的白肉魚，搭配蔥、醬汁還有米線一起吃，滋味絕佳

把米線沾鹽後搭配豬肉一起享用

辛香料和肉混合在一起，味道像漢堡排。香草有效地去除絞肉的腥味

加了檸檬草和蝦膏的沾醬也很美味

這樣吃，更好吃

請和大量的香草一起享用，由於菜梗比較硬，只摘下葉子來吃才是當地吃法。

越南版料理鐵人的名店

Duong's Restaurant

這裡吃得到！

以創意料理重新詮釋傳統菜餚的無國界料理。主廚有越南版料理鐵人以及許多競賽參賽經驗。想對自己好一點的時候，就來這裡吧！

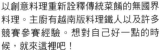

時尚又沉穩的內裝

餐廳的星級主廚，也有開設料理教室

MAP 附錄P.9 B-6　　　　　　　　還劍湖周邊

所 27 Ngo Huyen, Q. Hoan Kiem
交 大教堂步行5分　電 024-36364567
營 11:00～21:00 (23:00關門)　休 無休

餐廳的濕紙巾不是免費的，每間店不太一樣，價格在2000～5000VND之間。

融入當地人
嚐嚐看當地美食吧

無論到哪個國家，家常料理都是最好吃的，
在此為各位介紹，每日更換菜單，選擇多樣化的大眾餐館，
以及海鮮BBQ和越南烤雞等……觀光客也能放心享用的名店。

大家都在這裡吃午餐

Com binh dan

是大眾餐館，從餐檯挑選想吃的菜，添碗飯和湯就是越南的日常餐點

好吃又便宜，最棒了！

這個雞蛋也好好吃♪

1 位於老城區，當地人和觀光客都很多 2 用指的，店員就會幫忙盛菜

大眾餐館常見的料理

馬鈴薯炒番茄
Khoai Tay Xao Ca Chua

還留有些許口感的馬鈴薯和番茄的酸味很搭

醃漬圓茄
Ca Phao

越南常見的醃菜，外皮硬硬的，裡面很軟嫩

洛葉包肉
Cha La Lot

味道微嗆的洛葉包住牛肉再炭烤的料理

鮮蝦蔬菜湯
Canh Cai Nac Thit Bam

可以泡飯吃

燙高麗菜和水煮蛋
Bap Cai Luoc Cham Trung

將蛋搗碎拌進甜魚露，和燙高麗菜很對味

生意超好的Ma May街大眾餐館

Newday

一開店就有顧客上門，生意很好的大眾餐館，午餐時間總是座無虛席。店裡的蔬菜、肉、魚等下飯菜有將近20種選擇，配菜一盤8萬5000VND起。

MAP 附錄P.8 D-3　　　　　　　老城區

🏠 72 Ma May, Q. Hoan Kiem
🚶 大教堂步行17分　📞 024-38280315
🕙 10:00〜22:00　　休 無休

點餐方式其實很簡單！

點餐方式介紹

語言不通也沒問題，只要用指的，店員就能理解，試著點餐看看吧！

1 進店
每間店不太一樣，通常會先去選菜，用指的也沒問題。

2 選菜
盛在大盤裡的各種菜品，挑自己喜歡吃的就行，蔬菜、主菜和湯，大概3〜4樣就足夠了，店家會幫忙盛菜上菜。

3 找座位
找個空位坐下，店家就會端上料理與米飯。建議餐具都先擦拭過再使用。

4 結帳
通常會在座位上請店員來結帳，蔬菜和湯大約1〜3萬VND，主菜大約3〜5萬VND。

當地餐館用餐建議

在當地餐館用餐時，建議先用桌上的衛生紙將筷子、小盤子、湯匙等餐具擦過再用。到路邊的海鮮攤用餐，建議自備濕紙巾。另外，夏天時一定會很想吃冰，但還是別吃比較保險。

路上瀰漫炭火香氣

海鮮路邊攤

路邊烤肉攤從傍晚開始就有絡繹不絕的人潮，攤位上擺放著魚貝類，用指的老闆就會拿去烤或炒

只要的貝類好好吃了

FIRE!

1 傍晚開始湧現人潮，周遭也有類似的攤位，但這攤味道最好。黃色招牌很好認
2 推薦炭烤貝殼

當地人也愛的海鮮燒烤

Thang Ngoc

一到傍晚就會湧現人潮的名店。雖是路邊攤，但蛤蜊、蝦子、螃蟹等海鮮都很新鮮，因此生意非常好。吃吃看蔥燒貝類吧！

MAP 附錄P.4 E-1　　　　西湖南部

🏠 1 Hang Than, Q. Hoan Kiem
🚇 大教堂車程12分
☎ 091-2507851
🕐 16:30～22:30
❌ 無休

蔥燒貝類
So Duong Nuong Mo Hanh

特大顆的貝類灑上蔥花和調味料一起用炭火燒烤，一份6萬5000VND

蟹肉炒冬粉
Mien Xao Cua

螃蟹和蝦子的價格也很實惠♪

有蟹肉和櫻花蝦、蔬菜的炒冬粉，非常奢侈。6萬VND

花蛤粥
Chao Ngao

花蛤給得很大方，適合當最後一道♪2萬5000VND

吃了會上癮的香料烤雞

越南烤雞

越南烤雞會將雞的各部位拿來串烤，甜甜辣辣的香料令人一吃上癮，副餐的烤法國麵包也不可錯過

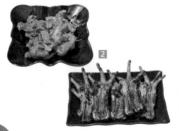

2

Chăn gà Tanka

烤雞一定要配啤酒！

1 可愛的小雞圖案很好認
2 附骨雞爪（左）1萬VND、無骨雞爪（右）5萬VND（5隻）

家族經營的平民美食店

Chan Ga Tanka

當地人最愛的烤雞專賣店，能吃到有著滿滿炭火香的烤雞。牆壁上貼著客人留言，很有趣。

MAP 附錄P.5 C-3　　　　西湖南部

🏠 683 De La Thanh, P.Thanh Cong, Q. Ba Dinh　🚇 從胡志明主席陵車程15分　☎ 036-9698882
🕐 10:00～23:00　❌ 無休

河內也蠻多羊肉料理，多以火鍋或燒烤方式食用，沒有羶味且肉質軟嫩很好吃。

在咖啡廳喝咖啡？
在河內，喝茶才道地！

北越的休息時間通常會喝茶，
經常會看到當地人用餐後在路邊攤喝茶。
推薦可以去茶館小憩，享用一杯蓮花茶。

茉莉綠茶加檸檬

①

我們的小憩時光♪

②

在茶館小憩

③

①河內正流行的檸檬茶 ②也可當作飯後甜點

「Tra Chanh」是什麼？

河內市民很習慣喝茶，發現在茶裡加糖和檸檬可以增加風味後，一下子在年輕人之間引發熱潮，就是Tra Chanh的由來。之後河內四處可見販賣這種檸檬茶的商店，但創始店Tra Chanh ➡ **P.69**和大教堂前面的商店仍最受歡迎。

大教堂前 **MAP** 附錄P.9 B-6
🕐 7:00～24:00 休 無休

務必嘗試傳統蓮花茶

使用一朵一朵手摘蓮花瓣和花粉，讓茶葉吸附花香的蓮花茶，具有放鬆身心的效果。有許多人更喜歡在餐後來一杯蓮花茶勝過喝咖啡。用正式手法泡的蓮花茶又更好喝，推薦在茶館慢慢享用。

蓮花的香氣很療癒

③與三五好友一起去茶館小憩
④店員會用正式手法泡茶

④

泡出好喝的蓮花茶

在茶館也能自己動手泡茶，在此介紹沖泡方法。

茶葉放入壺中後蓋上，再用熱水沖淋茶壺。

浸泡2分鐘後，將茶水倒入溫過的茶杯

一滴不留地倒進杯中。

1 壺內放大約3克的茶葉、沖入熱水，蓋上之後用熱水沖淋茶壺。

2 茶杯也要先用熱水溫過，溫茶壺的熱水可以再淋至茶壺上，茶杯就可以用來裝茶了。

3 將茶一滴不留地等分倒進茶杯中。

蓮花茶的製作方法
蓮花的產季在每年6～7月，在香氣最濃郁的清晨，只採收尺寸適合製茶大小的蓮花。每100克的蓮花茶需要100～120朵蓮花。因為都是手工製作，所以蓮花茶是高級品。

檸檬茶元祖店

Tra Chanh

有著茉莉花香的元祖檸檬茶，帶有檸檬的酸味，喝起來很清爽。從早到晚客人絡繹不絕，另外三種甜湯也同樣大受歡迎，滋味和賣相一點都不輸給專賣店。

MAP 附錄P.8 C-3　　　　　　老城區

🏠 31 Dao Duy Tu, Q. Hoan Kiem
🚶 大教堂步行20分
🎵 無
🕐 7:00～23:00
休 無休

什麼時候去都客滿

在路上來一杯檸檬茶

■從最上方順時針開始為味道清甜玉米甜湯，芋頭甜湯則是和椰奶味道很搭。還有炸香蕉甜湯，各1萬5000VND　②茉莉香搭配萊姆清爽的味道，很適合飯後來一杯，1萬5000VND

享用好喝的蓮花茶

■店員會以傳統方式沖蓮花茶，香氣不同凡響，一壺6萬VND　②也可以購買店家自製的茶葉，蓮花茶每100克100VND起，還有其他六種茶可選購　③店內氣氛復古且恬靜

復古的氣圍

越南茶文化的重要推手

Hien Tra Truong Xuan

茶館老闆是越南茶文化首屈一指的名人，除了蓮花茶和茉莉綠茶以外，店裡尚有40種左右的茶，其中包含在四萬株的巨木當中只有三株採收到的巨木茶和山雪茶等名品。

MAP 附錄P.11 B-4　　　　河內站周邊

🏠 13 Ngo Tat To, Van Mieu, Q. Dong Da
🚶 文廟步行2分
📞 024-39110104
🕐 7:00～23:00　休 無休

購買蓮花茶的同時，也參考看看新茶具吧？老城區的Hang Khoai街 **MAP** 附錄P.8 B-1販售各式各樣的茶具。

談笑風生，吃飽喝足
河內女子會好去處

若要在河內喝一杯，就去能喝到當地啤酒的Bia Hoi，
最近少數民族的特色酒、或坐舖居酒屋也很受歡迎。
最後一晚讓我們一起「Mot Hai Ba Yo（1、2、3乾杯！）」，一邊乾杯吧！

味道清爽
很好入口

一杯只要
新台幣12元！

4

Mot Hai
Ba Yo！

5

讓您久等了～！

3

❶類似德國啤酒花園的Bia Hoi，傍晚來這裡喝一杯再適合不過　❷太陽下山後，才是屬於Bia Hoi的時刻　❸店員忙著給各桌端啤酒

2

❹Bia Hoi的酒杯容量略比500毫升少一點，一杯9000VND
❺Bia Hoi越晚越熱鬧

Bia Hoi介紹

Bia Hoi是能夠品嚐當地啤酒的平價居酒屋，一杯啤酒大概十幾元，是在地人才會去的地方，喜歡喝酒的人可以嘗試看看。

推薦的Bia Hoi餐點

Chan Gio Muoi

鹽味豬腳
沒有腥味，沾醬裡也有芥末去除腥味，15萬VND

Bo Xao Dua

酸菜炒牛肉
酸菜的鹹味非常下酒，15萬VND

Muc Chien Muoi Ot

炸魷魚
脆脆的口感讓人停不下來，15萬VND

有兩層樓的大型Bia Hoi

Hai Xom

河內有許多Bia Hoi，這間店更是有著兩層樓＋戶外座位的規模。生意好的原因是啤酒一杯1萬VND，以及多樣化的下酒菜，兩個人點三樣菜就能吃得很滿足。

MAP 附錄P.7 D-6　　　還劍湖周邊

🏠 22 Tang Bat Ho, Q. Hai Ba Trung
🚶 大劇院步行12分
📞 090-3432016
🕐 10:00～23:30
📅 無休

在Bia Hoi很好用！ **越南語講座**

※ 呼叫店員
Anh oi！（安 喔依／對男性）
Chi oi！（七 喔依／對女性）

※ 請給我一杯啤酒
Cho toi mot coc bia.
（秋 抖一 抹扣 逼啊）

※ 有沒有推薦的菜？
Mon nao ngon?
（蒙拿公？）

※ 食材
蝦子＝tom（兜m）
花枝＝muc（姆K）
豬肉＝thit lon（踢t攏）

Tong Duy Tan路

Tong Duy Tan路 **MAP** 附錄P.6 **A-3**又稱小吃街，店家可以24小時營業，因此酒吧和餐廳在晚上都會有許多外國人和當地年輕人，越晚越熱鬧。苦於河內的餐廳都較早關門，沒地方吃宵夜的話，就到這裡來吧！

■特色酒會整瓶上桌，喝了多少付多少。蔓越莓等水果酒很好入口 **■**除了一般座位也有像居酒屋的和式座位 **■**炸魚生春捲8萬VND

\\ 品嚐少數民族的特色酒 //

Highway4

當地歐美人和越南人常去的餐廳兼酒吧，少數民族的傳統特色酒是熱門菜單，有糯米、蔓越莓、百香果等27種口味，也可以直接在店裡購買。店內的越南菜也很受歡迎。

MAP 附錄P.9 **D-4**　　　　老城區

🏠 5 Hang Tre, Q. Hoan Kiem
🚶 大教堂步行20分
☎ 024-39264200
🕐 10:00～22:00
🚫 無休

微深度旅遊，用另一種方式玩河內／女子會好去處

\\ 廣受當地人喜愛的平價居酒屋 //

Cha Ca Tan Tan

許多外國顧客會光顧，可以安心入內。魚肉的分量令人滿意，每道菜都好吃，受到當地人喜愛。用斑點半鱠做的炸魚和啤酒很搭。

MAP 附錄P.7 **C-4**　　　　還劍湖周邊

🏠 15 Trang Thi, Q. Hoan Kiem
🚶 大教堂步行5分
☎ 024-39342591
🕐 9:00～14：00、17:30～21:00
🚫 無休

挑戰蝦醬！

■晚上會聚集許多當地人，很熱鬧 **■**當地啤酒Hanoi Beer一瓶22萬VND **■**河內老城區起源的名菜炸魚鍋12萬VND，依據喜好可沾／加入辣椒或萊姆的蝦醬食用

雖說河內治安相對安全，但畢竟還是異國，晚上移動建議搭計程車，離開時可以請店員幫忙叫車。

到市區 SPA 享受店家自製面膜
用腳底按摩恢復體力♪

觀光了一整天，最後就用SPA和按摩收尾吧，
機會難得，要不要試試看不同以往的服務呢？
當地女性喜愛的沙龍和按摩店，價格很划算喔！

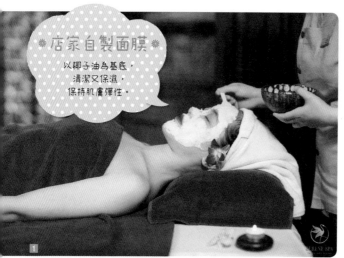

店家自製面膜

以椰子油為基底，
清潔又保濕，
保持肌膚彈性。

1

在老城區逛累了可以去的高級SPA

Serene Spa

開設在熱鬧的老城區當中，充滿高級感的SPA會館。會端出店家自製迎賓茶，還有店家調配的按摩油、玫瑰花瓣浴池、加了金箔的精油……盡情享受奢侈的時光。

MAP 附錄P.8 D-3　　　　　　老城區

所 58 Duong Ma May Q. Hoan Kiem
交 大教堂步行5分　電 0933-883368
營 9:00〜21:00 (10:30打烊)　休 無休

推薦的項目
❖Refreshing Facial 60分
　68萬VND
❖Serene Golden Signature Therapy
　90分／108VND　120分／138萬VND

■1美容師曾在越南當地和泰國學習按摩，技術純熟　■2店內氣氛沉穩，共有五間獨立包廂　■3也有河內少見的拔罐療程，有助美膚、改善體質和肩頸疲勞、消除疲勞

加了金箔的精油

事前會先進行諮詢

也請體驗看看♪

在令人放鬆的室內有半露天浴池，可以泡加了玫瑰花瓣的牛奶浴。有兩個浴盆，因此情侶也可以一起體驗。

按摩時會用到的越南語

按摩時有要求是正常的，大方說出你的需求吧！熱＝Nong（弄），冷＝Lanh（來因），痛＝Dau（島屋），加重力道＝Manh nua（馬因奴阿），都是常用單字喔。

※ 休閒SPA ※
當地女性也很喜歡的休閒SPA，從全身按摩到去角質都有，一起來讓自己煥然一新！

又痛又舒暢♪

實在的技術與服務廣受喜愛

Urban Oasis Spa

位於老城區，生意很好的SPA。整棟建築七層樓都是SPA會館，也有附按摩浴池和三溫暖的VIP ROOM，服務則有瑞典式、泰式按摩等多種方案。

MAP 附錄P.9 B-5 　　　　還劍湖周邊

🏠 39A Hang Hanh,Q.Hoan Kiem
🚶 大教堂步行8分
☎ 024-33543333
🕐 9:00～23:00 　休 無休

1 在附有按摩浴池的VIP ROOM享受優雅時光 2 洗練且令人放鬆的空間 3 可以依照個人喜好，向按摩師提出想要的按摩力道

推薦項目
❖Special Urban Oasis massage
　90分／75萬VND
❖Hot Stone Massage
　90分／59萬VND

啊～好舒服啊！

※ 足部按摩 ※
越南的按摩費用便宜許多，讓人每天都想光顧！

用划算價格享受全身按摩

Van Xuan

連當地女性都愛去的按摩店，足部按摩會先用藥草清潔，以腳為重點，連後背和肩頸也會一起帶到，結束後會覺得身體輕盈許多。

MAP 附錄P.9 B-5 　　　　大教堂周邊

🏠 28C Ly Quoc Su, Q. Hoan Kiem
🚶 大教堂步行3分 　☎ 024-22188833
🕐 10:00～23:30 　休 無休

推薦項目
❖足部按摩，70分／18萬VND
❖全身按摩，70分／22萬VND

1足部按摩連後背都會按 2位於老城區Ly Quoc Su街 3正中穴道，又痛又舒爽

按摩師也有男性，若希望由女性服務，請在預約時，或在櫃臺提出要求。

透過水上人偶劇和歌籌
一窺河內的懷舊傷感氛圍

長相詼諧的木偶在水上演出的劇目，
還有以越南傳統樂器與憂愁歌聲感動人心的歌籌，
體會河內起源的傳統娛樂。

輕鬆詼諧地演繹日常生活與傳說

水上木偶劇

用長得奇怪詼諧的木偶，演出越南人民的日常生活與傳說故事，起源自河內的傳統娛樂戲劇，在水中輕快擺動與音樂令人無法轉移視線！

仙女們華麗的舞蹈

來吧，各位，跳場美麗的舞蹈～

CLOSE UP

木偶長這樣

原理
木偶裡面有線，簾幕後面的操偶師站在水裡以線和竹子操作木偶。

材料
木偶用無花果樹木製作，表面上漆和防水塗料。

關節
木偶的手、腳和身體用橡皮連接，並製作成能讓動作自然的樣子。

仙女們招待高官，跳舞表演的劇目。據信，這些仙女是龍的後代貉龍君和仙女後代的嫗姬之間的子孫。

水上木偶劇在這裡觀賞

昇龍水上木偶劇場和Lotus水上木偶劇場都離老城區很近，很方便。另外，稍遠處的越南水上木偶劇場有戶外劇場。

觀賞越南人民日常生活與傳說故事

昇龍水上木偶劇場
Thang Long Water Puppet Theatre

我在這裡看到了！

發源於河內的詼諧傳統藝能，一段劇約3～5分鐘，全篇共14段。內容有描述農家日常生活、以及有龍和獅子出場的傳說故事，是非常受歡迎的景點之一。

MAP 附錄P.9 C-5　　　　　　　老城區

🏠 57B Dinh Tien Hoang, Q. Hoan Kiem　🚇 位於還劍湖畔
⏰ 024-38249494　📅 15:00～21:00　※每天的演出次數和時間不定，需事前確認　🈳 無休　💰 1等席10萬VND，2等席6萬VND（拍照追加2萬VND，拍影片追加6萬VND，英語翻譯5萬VND）

同時有室內、外劇場

越南水上木偶劇場
Nha Hat Mua Roi Viet Nam

水上木偶劇原本就在戶外演出，因此這裡有最接近原本演出型態的舞台。也有室內劇場，距離舞台很近，看得很清楚。需預約。

MAP 附錄P.5 A-4　　　　　　　市區南部

🏠 361 Truong Chinh, Q. Thanh Xuan
🚇 文廟車程15分　⏰ 024-38534545
📅 17:00～、18:30～（每月第一個週六加開20:00～，每場50分）🈳 無休　💰 12萬VND

古宅保存館（Ma May街87號古宅）

Ma May街87號古宅是19世紀後半建造的傳統木造民宅，由於保存得如此完整的中國風越南傳統古宅非常稀有，此處現在被認定為文化財並開放參觀。

☎024-39260585　💴1萬VND　**MAP** 附錄P.8 D-3

✿ 龍舞 ✿

很久很久以前，龍王和山上的女王結婚，生下100個孩子，傳說這就是越南人的起源。龍美麗的舞姿令人感動！

✿ 宮廷舞蹈 ✿

起源於印度的舞蹈在19世紀改編為阮王朝的宮廷舞蹈。木偶跟著傳統音樂律動，其獨特的舞姿令人不禁微笑。

✿ 農民與漁民的日常生活 ✿

務農真辛苦

種田、割稻、釣魚等，活靈活現地演繹農民和漁民的日常生活與喜怒哀樂。表現出人們在與自然共存的儉樸生活中，樂觀開朗的精神。

位於熱鬧街區不遠處
Lotus水上木偶劇場
Lotus Water Puppet

從大教堂步行只需3分鐘的水上木偶劇場。雖說這裡的劇目與其他劇場基本上無異，但配樂有相當的水準。

MAP 附錄P.9 C-6　大教堂周邊

🏠16 Le Thai To, Q. Hoan Kiem　🚶大教堂步行3分
☎024-39381173　⏰16:00、17:15、18:30（每週可能不同）
🈲無休　💴10萬VND

要仔細看我們的動作喔！

傳統樂器與飽含情感的歌聲
歌籌

登錄於世界無形文化遺產的傳統技藝，由弦樂、打擊樂和鼓三種傳統樂器，搭配歌手飽含情感的歌聲。

右為弦樂器Dan day，中為打擊樂器Phach，以及鼓Trong chau

也有讓觀眾親自演奏樂器的環節

沉醉於首席歌手的歌聲
Ca Tru Ha Noi Club

在這裡欣賞！

這裡能聽到越南首屈一指的歌籌歌手，Bach Van女士動人的歌聲。雅樂般的曲調加上情感飽滿的歌聲，非常值得一聽。觀賞需事前預約。

MAP 附錄P.9 C-4　老城區

🏠Dinh Kim Ngan,42 Pho Hang Bac, Q. Hoan Kiem
🚶大教堂步行15分　☎097-2887252
💴1場600萬VND起（預約制）
＊現在只在有人預約時演出，詳情需事先確認。

Hom市場➡P.61二樓有社交舞廳，週末聚集許多喜愛舞蹈的人。

充滿神祕傳說色彩的
下龍灣巡禮

河內觀光行程當中，最有名的景點就是下龍灣，
搭乘遊船在充滿奇岩的海上，
享受一趟奢侈的悠閒旅程吧！

下龍灣

世界遺產

Ha Long Bay

於1994年被登錄為世界遺產，是越南代表性的觀光勝地。面積1553平方公里的廣闊水域上，有多達3000座的石灰岩島嶼，因長時間的海水侵蝕呈現獨特的海蝕岩溶地貌。其特徵與中國桂林相似，也被譽為「海上桂林」。下龍灣的風景會隨天氣、時間有所變化，很值得到此一遊。

MAP 附錄P.2 C-2

Access
巴士　從河內Ben xe Gia Lam搭到Bai Chay Bus Termina，約3小時30分，費用15萬～17萬VND。
車程　下龍灣位於河內東邊160公里處，前往能看見下龍灣的Bai Chay和紅河，大約3～4小時。

Tour
下龍灣遊船一日遊　行程從4～13小時都有，費用按人數、船型、導覽等選項從30美元～100美元不等，可參考各大旅遊網站。

Q 下龍灣的傳說？

「下龍」有龍神下凡的含意，傳說中越南飽受中國侵擾的時代，有一龍神父子吐出寶玉擊退敵軍，為「下龍」的由來。傳說中的寶玉則成為岩島佇立在海上，守護當地安寧至今。

Q 推薦觀光季節？

6～11月，其中8～9月天氣最好，6～10月有時會遇到颱風，船班可能因此取消。冬天風大寒冷，若在冬天前往，務必做好防寒措施。

Q 眾多奇岩的由來？

從中國桂林一路延伸到越南寧平的石灰岩，自冰河時期沉積，在漫長歲月中歷經海水及風雨侵蝕而成。這些奇岩日日夜夜佇立於此，在白日的陽光、夜晚的月光與星光的照射下，形成神祕的景觀。

下龍灣

・Bai Chay
・Hon Gai

Đao Tuan Chau
遊輪碼頭 Tourist Boat

下龍灣
Vinh Ha Long

Đong Thien Cung

香爐島
Hang Đinh Huong

・門雞岩
H. Gap Ga

夏天可以去玩水！
Bai Chay遊船港口一帶的海水很濁，但下龍灣較內側的海水很清澈，海浪也很穩定，加上5～9月的天氣非常適合前往海水浴場，會更有度假氣氛。

介紹一日遊行程

下龍灣又有海上桂林之稱，是世界遺產之一。依據天氣和時間不同，風景看起來也有不同的感受，通常會利用遊船觀光。

1 從河內出發，前往遊船碼頭

搭乘遊船悠遊下龍灣

2 在下龍灣一日遊欣賞夢幻美景

3 中餐是新鮮的海鮮大餐

下龍灣是出名的漁場，可以在這裡享受鮮蝦、螃蟹、大蛤蜊等新鮮的海鮮大餐

很像大猩猩

因側面很像大猩猩，通稱「猩岩」

是香爐島！

20萬VND鈔票印的就是這座香爐島

4 前往夢幻的鐘乳石洞 Thien Cung Cave

下龍灣的岩石群有許多鐘乳石洞窟，此為其中之一的Thien Cung Cave

5 下船回到河內

回到碼頭後就回去河內的飯店吧

DATA 預約一日遊觀光

一日遊行程大多於早上8時從河內出發，約在中午會抵達下龍灣。搭乘遊船參觀欣賞壯觀的奇岩，以及Thien Cung Cave鐘乳石洞，一趟下來約4小時，附中餐。

到下龍灣住一晚

在飯店過夜

諾富特下龍灣酒店 Novotel Ha Long Bay

下龍灣地區第一間四星飯店，位於海岸邊，客房或泳池的景觀堪稱絕景。

MAP 附錄P.2 C-2

160 Ha Long Phu, P. Bai Chay TP. Ha Long　0203-3848108
126萬4000VND起
FREE 00531-61-6353

正對下龍灣建設的現代化飯店

在船上過夜

Paradise Elegance Cruise下龍灣兩天一夜之旅

若預約兩天一夜行程，就能伴著鋼琴現場演奏，將下龍灣的滿天星空盡收眼底，非常奢侈。

MAP 附錄P.2 C-2

兩天一夜行程
可洽各大旅行社或平台
093-8685-778　888萬VND起

Paradise Elegance Cruise融合現代越南的設計和概念

Bai Chay和Tuan Chau Island都有遊船碼頭，兩邊都能購票。

體驗藝術之村
鉢塲陶器和東湖畫

鉢塲的陶瓷與東湖的版畫最為有名，
位於河內郊區，到處都有專家的工作室。
讓我們離開市中心，到藝術之村走走！

鉢塲　Bat Trang

尋找設計獨特的陶瓷

鉢塲是知名的陶瓷村，距離河內約30分鐘車程，
這個只要30分鐘就可繞一圈的小村子，到處都是
陶瓷商店，90%的居民都從事陶瓷相關工作。最
近除了傳統陶瓷，現代設計的新式陶瓷也很受歡
迎，有很多種類可以選購。

MAP 附錄P.2 C-2

Access
巴士　從河內搭47A巴士可到鉢塲，從龍編巴士站
出發，每15分鐘一班，營運時間為5:00～20:00，
費用7000VND。
開車　往河內南方15公里，大約30～40分車程。

Tour
鉢塲陶瓷村觀光行
9:00～12:00，2人以上成行。費用25美元（可洽各
大旅行社或平台）。

復古的設計
也很美

❶鉢塲販售許多類型的陶瓷，圖為
復古樣式設計　❷九成以上的村民
都從事陶瓷相關工作　❸有著將近
100間規模不等的工作室

當作伴手禮
也很棒！

精緻的新式鉢塲陶瓷
Delicious Ceramic

由設計師親自製作，設計新潮的鉢塲陶瓷。
在此可欣賞到許多新式鉢塲陶瓷。

MAP 附錄P.2 C-2

🏠 227 Giang Cao, Xom 5, Bat Trang, Gia Lam
🚌 鉢塲巴士站步行20分
📞 091-9380366
🕐 8:00～17:00　休 無休

❶畫著手持天秤的人的茶壺25美元，圖案復古，
但整體設計很現代　❷橘色茶杯3美元，盤子35
美元　❸戴著越南斗笠的人們，設計簡潔的杯子
9美元　❹用來放茶包的茶托6美元　❺多用途小
罐7美元

CLOSE UP!

到陶瓷市場逛逛

鉢塲陶瓷市場由100間以上的
商店串連而成，販售各種尺
寸樣式的陶瓷，讓人逛得眼
花撩亂，想深入挖寶。其中
也有販售生鮮食品的商店，
可以稍微填填肚子。

販售各種品項的鉢塲
陶瓷市場

新式鉢場陶瓷

不只是傳統鉢場陶瓷的可愛花朵圖案，新式鉢場陶瓷設計也很受歡迎。新式鉢場陶瓷的設計較為簡潔現代，不僅和料理很搭，上釉和燒製技巧也進步許多，耐用度更是大幅提升。

越南傳統木版畫村

東湖 Dong Ho

東湖村自16世紀起，就開始製作木版畫。以往各家都有代代相傳的版木，如今卻面臨失傳，僅剩2家使用木刻版製圖。這些使用天然紙材和染料製作的版畫，多為描繪諷刺畫或日常生活，從畫上留有不再使用的華語文字，看得出中國明清時代的影響。

MAP 附錄P.2 C-1

東湖

Access

從河內開車約1小時車程，東湖村不大，包含購物，半天時間就能充分觀光。如要包車，費用不高，大約一天150萬VND起。

Tour

東湖版畫村觀光行
8:00～12:00，2人以上成行，費用49美元（可洽各大旅行社或平台）。也可選擇包含其他藝術村的觀光行程。

1 用靈活手法製作版畫的過程
2 這幅新禱未來幸福的東湖版畫，是Tet（農曆春節）的吉祥裝飾
3 越南鄉間的街頭風景，讓人覺得時間的流逝變得緩慢

越南版畫界巨匠

東湖民間文化交流中心
Trung Tam Giao Luu Van Hoa Tranh Dan Gian Dong Ho

由無形文化資產阮制先生創立，工作室能參觀其弟子製作版畫，一旁設置有販售處。

MAP 附錄P.2 C-1

🏠 38 Dong Khe, Song Ho　🚗 河內市區車程約1小時　📞 0222-3865308
🕐 7:00～17:00　休 無休

有許多版畫製作的周邊小物

版畫多以日常生活為題材

簡單的用色就是最大特色

阮友杉工作室
Nguyen Huu Sam

阮友杉先生以天然紙材和顏料、溫馨的作畫風格著稱。工作室由家族經營，由兒子阮友果繼承傳統技法上色印刷。

MAP 附錄P.2 C-1

🏠 Lang Dong Ho, Bac Ninh　🚗 河內市區車程約1小時　📞 0222-3873847
🕐 7:00～21:00　休 無休

CLOSE UP!

東湖版畫

東湖版畫的主題除了當下的生活、季節特色、歷史之外，也有諷刺畫。例如以吃醋為題的版畫，就描繪以往多妻制度下丈夫外遇的情形，又例如老鼠娶親是諷刺賄賂和農民的辛勞等封建時期的情況，十分有趣。

「吃醋（Danh ghen）」用色鮮明，作品本身也很有魅力

鉢場陶瓷工作室也能參觀製作過程。

喚起少女心的
時尚飯店

難得出門旅行，一定想要住得好一點吧。
河內有現代化飯店，也有法式風格飯店等多種選擇，
在這裡介紹既能留下美好回憶，又有特色的飯店。

現代風飯店

最讓人開心的度假設施♪

1 新潮氛圍的標準房型
2 大廳有巨型蘋果和高腳椅，隨處皆可看見令人眼睛一亮的裝置藝術
3 時尚的高級房型，配有LED電視以及免費Wi-Fi

住起來相當舒適的現代風飯店

河內鉑爾曼飯店
Pullman Hanoi Hotel

在越南飯店大獎中，獲得最佳服務獎的高級飯店。工作人員服務態度親切，還有摩登藝術風格的擺飾，充滿現代風。客房空間寬敞，住起來很舒適，飯店早餐的評價也很好。

MAP 附錄P.5 C-2　　　　西湖南部

⌂ 40 Cat Linh, Q. Dong Da
⊗ 胡志明主席陵車程7分
☎ 024-37330808
💰 ⑤①110～135美元(依據時期變動)
FREE 00531-61-6353

推薦給女性的
POINT

位於一樓的Mint Bar是有著開放式氛圍的咖啡廳兼酒吧，不需要太拘束，女性一個人也可以輕鬆光顧。販售多種調酒，也提供錫蘭薑茶等飲料。

4 飯店早餐提供河粉和其他10種熟食
5 越式、西式、中式等選擇多樣化的Buffet，提供多種麵包和水果
6 整體設計充滿現代感的氛圍

飯店接送

有些飯店可以預約機場接送服務 ➔ P.103。每間飯店的價格不同，通常會比機場計程車貴，但不用擔心繞遠路和價格糾紛，可放心使用，如有需求可以在訂房時一起詢問。

緊鄰大劇院的好位置

河內歌劇院美憬閣飯店
Hotel de l'Opera MGallery Collection

受19世紀的法國設計影響，內部裝潢華麗時尚的五星級飯店。從大劇院步行3分鐘就能到，交通非常便利。客房內使用歐洲家具以及高級亞麻製品，就連牆壁和燈具都很講究。

MAP 附錄P.7 D-4　　　　還劍湖周邊

🏠 29 Trang Tien, Q. Hoan Kiem
🚇 大教堂步行3分
☎ 024-62825555
💰 ⑤①US$250~400（依據時期變動）
FREE 00531-61-6353

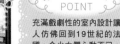

充滿設計感的飯店

1 木製床架、講究的擺設，連細節也不放過的豪華房型　2 位於市中心但又恬靜，令人放鬆的環境　3 華麗的衛浴空間

推薦給女性的 POINT

充滿戲劇性的室內設計讓人仿佛回到19世紀的法國，令少女們心動不已。以畫家羅特列克為靈感的餐廳也廣受好評，推薦在此享用晚餐。

全部都很講究！

亞洲風的五星級飯店

Grand Mercure Hanoi

於2022年12月開幕的五星級飯店。客房使用亞洲風的有頂床架，有落地窗的衛浴空間，彷彿身處度假飯店。

MAP 附錄P.11 A-4　　　　河內站周邊

🏠 9 Cat Linh, Q. Tu Giam, Dong Da
🚇 美術博物館步行5分
☎ 024-32115757
💰 ⑤①US$200美元起

現代時尚的飯店

1 豪華房型使用琥珀色的地板建材，充滿復古氣氛
2 屋頂的泳池有最佳的開放感
3 飯店內有提供各式料理的「LOC-ALLY RESTAURANT」和以東南亞料理為主的「SIGNATURE RESTAURANT」兩間餐廳。

推薦給女性的 POINT

入口以文廟為靈感，採用紅色大門，入內迎面而來的是挑高的大廳和色彩繽紛的家具、花朵吊燈等，高級的裝潢令人興奮期待。

來杯時髦的調酒，享受大人的時刻！

中級以上的飯店，除了住宿費用還會收取10%VAT和5%服務費。

舒服地度過旅遊時間
河內飯店精選

西湖北部

河內西湖洲際飯店
InterContinental Hanoi Westlake
★★★★★
MAP 附錄 P.10 C-2

飯店正對以夕陽美景著稱的西湖，裝潢走亞洲風，全部的客房可以眺望湖景。客房和餐廳透過橋樑連接，位於別棟的Sunset Bar➡ P.49也很受歡迎。

- 🏠 5 Pho Tu Hoa, Q. Tay Ho
- 🚗 胡志明主席陵車程15分
- 📞 024-62708888
- 💰 ⓈⓉUS$200美元起
- FREE 0120-455-655

西湖南部

河內泛太平洋飯店
Pan Pacific Hanoi
★★★★☆
MAP 附錄 P.4 D-1

正對西湖建造的高級飯店，客房的床鋪睡起來很舒服，裝潢也很現代。飯店內的天空酒吧「The Summit」➡ P.49也因為可以看到西湖落日的美景受歡迎，提供免費Wi-Fi。

- 🏠 1 Thanh Nien, Q. Ba Dinh
- 🚗 胡志明主席陵車程7分
- 📞 024-38238888
- 💰 ⓈⓉUS$120美元起
- FREE 0120-001-800

還劍湖邊

河內美利亞飯店
Melia Hanoi
★★★★★
MAP 附錄 P.7 B-4

位於市中心的地標性飯店，每間房都有附浴缸。

- 🏠 44B Ly Thuong Kiet, Q. Hoan Kiem
- 🚗 從大教堂步行12分
- 📞 024-39343343　🏢 306室
- 💰 ⓈⓉUS$120美元起

市區西部

河內大宇飯店
Hanoi Daewoo Hotel
★★★★★
MAP 附錄 P.5 B-2

現代設施和優質服務，是各國VIP的首選。

- 🏠 360 Kim Ma, Q. Ba Dinh
- 🚗 胡志明主席陵車程10分
- 📞 024-38315000
- 💰 ⓈⓉUS$90美元起

還劍湖邊

河內松柏精品飯店
Conifer Boutique Hotel
★★★
MAP 附錄 P.7 D-4

位於市中心鬧區，安全性也很足夠。

- 🏠 9 Ly Dao Thanh, Q. Hoan Kiem
- 🚗 大劇院步行5分內
- 📞 024-32669999
- 💰 ⓈUS$70美元起 ⓉUS$75美元起

還劍湖周邊

河內定製時尚飯店
Bespoke Trendy Hotel Hanoi
★★★★
MAP 附錄 P.6 B-3

位於老城區，裝潢時尚現代的精品飯店。周到的服務，就連歐美遊客都讚不絕口。早餐Buffet可以吃到現做的歐姆蛋和河粉，受到相當的好評。

- 🏠 12 Nguyen Quang Bich, Q. Hoan Kiem
- 🚗 大教堂步行12分
- 📞 024-39234026,4027,4029
- 💰 ⓈUS$80美元起
  - ⓉUS$85美元起

河內站周邊

美居河內香格里拉飯店
Mercure Hanoi La Gare
★★★★
MAP 附錄 P.7 A-4

位於市中心，交通便利。從河內站步行也只要5分鐘，若有安排順化或會安、沙壩等行程會非常方便。客房裝潢簡單，但頗具機能性，空間也很寬廣，整體裝潢用色繽紛。

- 🏠 94 Ly Thuong Kiet, Q. Hoan Kiem
- 🚗 河內車站步行5分
- 📞 024-39447766
- 💰 ⓈⓉUS$90美元起
- FREE 60531-61-6353

河內站周邊

河內瑞享飯店
Mövenpick Hotel Hanoi
★★★★
MAP 附錄 P.7 A-4

歐式高級風格，多為商務房客。

- 🏠 83A Ly Thuong Kiet, Q. Hoan Kiem
- 🚗 河內站步行5分
- 📞 024-38222800
- 💰 ⓈⓉUS$150美元起

還劍湖周邊

河內絲路精品飯店
Silk Path
★★★★
MAP 附錄 P.6 A-3

可以輕鬆前往老城區逛街，飯店內設施完備。

- 🏠 195-199 Hang Bong, Q. Hoan Kiem
- 🚗 大教堂步行10分
- 📞 024-32665555
- 💰 ⓈⓉUS$80美元起

海邊度假勝地峴港，與感受歷史風情的中越城市

在享受過充滿魅力的河內後，
也可以走訪中越。
其中備受注目的度假勝地峴港，
有著美麗的海灘和許多時尚咖啡廳，
其他還有阮朝首都順化，曾因海上貿易繁盛一時的會安。
到中越走走看看吧！讓這一趟旅程更多彩、充實。

峴港等中越城市
也充滿魅力！

大略地介紹一下峴港和中越城市

從河內出發約1小時30分的車程，就能抵達充滿魅力的中越地區，
峴港是充滿各國旅客的度假勝地，會安則充滿文化氣息，
還有許多越南王宮文化的遺跡，和河內有著截然不同的面貌。

1

峴港現在以度假勝地聞名，其實峴
港曾是占婆王國的首都，現在則是
越南觀光的重點都市

峴港

在度假飯店享受悠閒的假日 ➡ **P.88**
峴港景點巡禮 ➡ **P.90**
美妙的咖啡廳&美食 ➡ **P.92**
話題景點和世界遺產 ➡ **P.94**

來杯
新鮮果汁！

2

越南最後一個王朝的首都，
走訪舊市區的皇城遺跡，
一窺當時的王宮文化

順化

順化皇城 ➡ **P.96**
搭乘遊船欣賞遺跡 ➡ **P.97**

3

曾因海上絲路繁盛一時，
深受中國與日本文化影響，
讓我們漫步走遍這個充滿
異國風情的城鎮

會安

馮興古宅 ➡ **P.98**
會安美食 ➡ **P.99**

用當地名菜
填飽肚子。

老街市●
沙垻市●

河內 ●東湖 P.79
鉢場●
華閭● ●下龍灣 P.76
三古碧洞 海防市●

 P.78

北部灣
Gulf of Tongking

峰牙－
幾榜國家公園 ⌂

DMZ
(非軍事區) ⌂

②

順化● 峴港
美山聖地 ⌂ 會安 ①

③

芽莊市●
大叻市●
●美奈坊
胡志明市● ●潘切市
美湫市●
芹苴市● 永隆省●

南海
South China Sea

✈ 交通時間

河內～峴港 🚗 約1小時20分
峴港～會安 🚗 約1小時
峴港～順化 🚗 約2小時
峴港到美山聖地 🚗 約1小時15分
峴港～峰牙－幾榜國家公園
🚗 約5小時30分

若要參觀峰牙 — 幾榜國家公園
和美山聖地,建議透過旅行社,
或預約觀光設施的套裝行程比較
方便。

歷經4億年以上的光陰,
越南第五個世界遺產,
亞洲最古老的喀斯特地貌

峰牙 ——
幾榜國家公園

充滿神祕感,占婆王國的
聖地。大自然與遺跡融合
為一體,美麗壯觀的世界
遺產

美山聖地

 P.95

說走就走小旅行

在度假勝地和列為世界遺產城鎮的三個都市間，度過療癒身心的4天3夜行程

受到世界注目的度假勝地峴港，
以及整個街道都是世界遺產的會安、擁有皇城遺跡的順化，
走一趟能徹底享受這三大城市的4天3夜行程吧！

第1天 峴港
下午較早的時間抵達機場，
一路玩到晚上。

14:25 抵達峴港國際機場

15:00 搭乘計程車前往市區

15:15 入住飯店

15:45 品嚐美味的廣麵

16:20 參觀粉紅色的峴港大教堂

17:00 到漢市場（Cho Han）物色超值雜貨

19:00 品嚐名菜：豬肉米紙捲

21:00 到龍橋欣賞刺激的噴火（水）秀

桃園到峴港直達航程約3小時，漂亮的機場讓人開始有度假的感覺

海景非常美♪

入住可以眺望美溪沙灘（My Khe Beach）的飯店：峴港綜合套房飯店 ➡ P.89！

在老店Mi Quang 1A ➡ P.93 享用有點遲的午餐

古典的峴港大教堂 ➡ P.90，和後方的現代式大樓，是很好的取景對象

走進人潮，前往漢市場 ➡ P.90買伴手禮

在峴港菜專賣店Tran ➡ P.93享用健康的晚餐

龍橋 ➡ P.91會有噴火（水）秀，橋身燈光也會變色，非常浪漫♪

每週末21時開始，算準時間前往。

第2天 峴港 → 會安

上午悠閒度過
下午再前往會安

7:00 做個早晨瑜珈放鬆身心

8:30 來份海南雞飯補充體力

12:00 搭乘計程車前往會安，在市區散步

19:00 體驗夜市和放水燈

免費的早晨瑜珈，既能舒展也能喚醒身體

用晨光當背景，喚醒身體！

品嘗外國旅客吃也沒問題的海南雞飯➡P.93

漫步充滿異國風情的會安古鎮

街上的燈籠和漂流的水燈美得令人感動

第3天 會安 → 順化

用一天參觀順化的
世界遺產建築群

8:00 一早搭乘計程車到順化

10:30 參觀完順化皇城，接著看看郊區的史蹟

17:00 品嚐宮廷菜，感受古老的王朝氣氛

19:00 隔天搭計程車到峴港國際機場，無論上午、中午或是下午都有班機回台灣

除了順化皇城，順化郊區還有很多遺跡，選幾個想看的地方吧

帶著旅行的回憶回國。

上午、中午、晚上都有回程班機，可以挑適合自己的時間回國

在Y Thao Garden➡P.97能吃到美麗的順化宮廷菜，鳳凰形狀等華麗的擺盤讓人體驗到王族氣氛

旅行收穫

包裝可愛的越南法式麵包拉斯古，20萬VND

用美溪沙灘的沙子做的項鍊，10萬VND

峴港有許多設計漂亮的伴手禮，可以選購自己喜歡的物件，帶著美好的回憶回家♪

漫步在可愛的街道，有著黃色的牆壁和滿滿的九重葛花♪

喜歡這個

有珠珠點綴的化妝包，各12萬VND

這個印象深刻

峴港假期
入住心馳神往的度假勝地飯店

峴港以度假勝地聞名，當地的飯店也超高級，每間都讓人想住看看。
令人嚮往的無邊際泳池，或沐浴在晨光中做瑜珈，喝下午茶等等……
要不要在這裡度過一段遠離日常的時光，好好放鬆身心？

從無邊際泳池眺望海灘

喜來登大飯店峴港度假村及會議中心
Sheraton Grand Danang Resort

位於Non Nuoc Beach海岸邊的高
級度假村，該地區有許多度假村，
附近也有五行山等觀光景點。客房
現代美觀，從戶外的無邊際泳池可
以看見蔚藍的海洋和白色的沙灘。
飯店內附有SPA和健身房等設施。

MAP 附錄P.15 A-2 　　　　峴港周邊

🏠 35 Truong Sa
🚗 峴港國際機場車程20分
📞 023-63988999　💰 400美元起

1 寬廣的泳池，無論景觀還是開放威都是一
等一 **2** Tea Lounge美麗的裝潢 **3** 照在峴港
海面上的朝陽，非常壯觀 **4** 可以在飯店內的
「Tea Lounge」享用下午茶

享受如同電影裡的愉暢時光。

在絕佳的空間度過特別的時光

峴港洲際陽光半島度假飯店
InterContinental® Danang Sun Peninsula Resort

距離峴港市中心35分鐘的車程，座落在自然環繞的山茶半島（Son Tra Peninsula）上的豪華度假飯店。洗練的建築風格、三星美食、一流SPA、每間房都能看到蔚藍海景。這裡的頂級配置，能讓你暫時忘卻日常瑣事。更可以在美麗的沙灘上度過悠閒時光。

MAP 附錄P.15 B-1　　　　峴港周邊

所 Bai Bac, Son Tra Peninsula
交 峴港國際機場車程35分
電 0236-3938888　圓 Ⓢ Ⓣ 519美元起

1 每間客房都能感受到飯店的用心，內裝也各有不同 2 在高空餐廳「Citron」能看著峴港美景用餐 3 豪華的下午茶套餐，需預約

能感受到海風吹拂，寬敞開放的舒適度假村

峴港綜合套房飯店
Fusion Suites Da Nang

所有客房都能看到海景，從眼前的Pham Van Dong海灘，到美溪沙灘都能盡收眼底。附設廚房和餐桌，很適合家庭、情侶等團客住宿。粉綠色和木調質感打造的空間非常舒適。

MAP 附錄P.14 F-1　　　　峴港周邊

所 88 Vo Nguyen GiapSt., Son Tra　交 峴港國際機場車程15分　電 0236-3919777
圓 CHIC STUDIO135美元起、OCEAN SUITE160美元起～

1 晨間瑜珈一天一次，還有免費足部按摩體驗 2 客房採光很好，有大量的自然光 3 晚上可以在天空酒吧喝一杯♪

除了飯店附近的海灘，還有其他很多讓人放鬆、度假感滿滿的海灘，可以找個喜歡的地方度過一段美好的悠閒時光。

首先是必去的觀光景點
新舊交會的峴港景點巡禮

峴港市區以廣闊的瀚江（Han River）為中心，
沿岸有美麗的教堂、熱鬧的市場等等……
首先從峴港代表性景點開始介紹。

DHC Marina有鯉魚化龍像和愛情鎖橋，以及露天咖啡座

市區最大的天主教堂
峴港大教堂
Nha Tho Đa Nang

建於1923年法國殖民時期，由
於塔尖處有風向雞，當地人都
會叫它「小雞教堂」。

MAP 附錄P.15 C-3　　　　　峴港

🏠 156 Tran Phu 🚶 漢市場步行3
分 ⛪ 彌撒：每週一～週五5:00～
17:00，週六17:00，週日5:15、8:00、
10:00（英語）、15:00、17:00、18:30
🈺 無休 💰 免費

位於市中心，貼近市民生活的
淡粉紅色天主教堂

峴港　Da Nang

僅次於胡志明、河內的第三大都市。歷史悠久的
國際貿易港，從18世紀起，作為大型船舶停靠的
商業港發展至今。峴港是在2～15世紀強盛一時的
占婆王國首都，因此可見許多占婆王國的遺跡。
市區以瀚江分為兩邊，西邊是鬧區，東邊則是朝
度假村發展的山茶半島，以及海岸區。鬧區的主
要道路是東西向的Hung Vuong街，連接著熱鬧的
漢市場和共市場（Con Market）。和南北向的
Phan Chau Trinh街交會處是市區最熱鬧的地方。

Access

飛機　從河內直飛，一天約有25個航班，飛
行時間約1小時20分。從胡志明出發一天約有
30個航班，飛行時間約1小時20分
鐵路　從河內搭快車，一天約有6班，搭乘時
間約16小時起。從胡志明出發約12小時30分。

交通資訊

計程車　市區內移動還是搭計程車比較方便，
起價為5000VND起，包車半天大約4小時或50
公里50萬VND。
計程機車　短程移動約2萬VND起，很便宜，
但車資前最好先談好價格。

欣賞精緻的雕刻藝術
占婆雕刻博物館
Bao Tang Dieu Khac Cham Đa Nang

展品可自由攝影，博物館展示占族的印度
教神像等貴重文物

1919年由法國遠東學院設立，展示
占婆王國的遺跡、雕刻藝術和石像
等古蹟。

MAP 附錄P.15 C-4　　　　　峴港

🏠 02 Duong 2/9 🚶 漢市場步行18分
📞 0236-3572935 🕐 7:30～11:00、14:00
～17:00 🈺 無休 💰 46萬VND

當地人都去的熱鬧市場
漢市場　Cho Han

位於市中心，對觀光客也很方
便。一樓販售生鮮食品和日用
品，二樓有許多服裝店，市場
內也有餐館。

MAP 附錄P.15 C-3　　　　　峴港

🕐 6:00～19:00（每間商店不同）
🈺 無休

便宜販售
越南雜貨。

市場也有很多觀光客，就算
只是瀏覽一些珍稀的食材也
很有趣。可以在此選購零食
等伴手禮

很特殊的飯店！
鄰近峴港灘的「峴港三日月飯店」，其打造的概念是成為日本文化的推廣基地。飯店內有相撲土俵、武士鎧甲、五重塔，甚至還有日式庭園。

具有現代外觀的博物館，內部為三層建築

在市區探索歷史
峴港博物館
Bao Tang Đa Nang
內部展示戰爭相關文物以及介紹附近的少數民族，有許多精采的展出。漫步市區時可前來探索。

MAP 附錄P.15 C-2　峴港

🏠 24 Tran Phu
🚶 漢市場步行20分
☎ 0236-3886236　🕐 8:00〜
17:00　🈺 無休　🎫 2萬VND

展示越南以及世界各國的歷史文化情境，值得一探究竟

峴港的知名地標
龍橋
Cau Rong

週末的噴火（水）秀會吸引許多人潮，需注意噴水時可能會淋濕

跨越瀚江的巨型龍橋，龍頭在瀚江東側，每週末晚上9點會有噴火（水）秀，橋身在晚上會有藍、綠色等燈光變化，充滿夢幻感。

MAP 附錄P.14 D-4　峴港

🚶 漢市場步行18分

一邊散步一邊探索可愛的峴港土產

從零食到雜貨，峴港的伴手禮非常有設計感！一邊散步、一邊慢慢探索喜歡的商品吧。

這個禮品店很不一樣！
Hoa Ly
由日本太太與越南丈夫經營的商店，販售珠飾或刺繡的化妝包、編織包包、鉢塲陶瓷等，品項十分豐富。

MAP 附錄P.15 C-4　峴港

🏠 252 Tran Phu
🚶 漢市場步行15分
☎ 0236-3565068
🕐 8:30〜18:00　🈺 無休

越南法式麵包拉斯古20萬VND，很有越南味的美食伴手禮

有珠飾的化妝包，各12萬VND

和海灘很搭的繽紛商店
KaHoLi Store
從時尚的雜貨到防曬乳，幾乎什麼都賣的土產店。老闆是日本人，可以用英文或日文和他聊聊旅行的疑難雜症唷。

MAP 附錄P.14 E-3　峴港

🏠 103 Duong Dinh Nghe　🚶 漢市場車程6分　☎ 023-63938179
🕐 9:00〜12:00、14:00〜21:00　🈺 無休

很有越南味的鮮豔折扇，5萬VND

用美溪沙灘的沙子製作的手工項鍊，10萬VND

峴港最大的山茶夜市 MAP 附錄P.14 D-4 於每晚18時〜24時營業，有興趣可以逛逛。

美麗咖啡廳和名產美食

峴港有來自世界各地的觀光客
當地有許多漂亮的咖啡廳，也有粉條、海南雞飯等名菜，
在此享受悠閒的度假時光！

咖啡廳 Cafe

露天咖啡座的設計
相當時尚，空間很
舒適

這裡最推薦

**露天
咖啡座**

坐在戶外座位感
受海風吹拂，再來
一杯精選咖啡，享
受幸福的時刻。

有美麗拉花的卡布奇
諾，4萬5000VND
（1 shot）

熱帶風味的柑橘莓果
茶，4萬5000VND

峴港起家的咖啡廳

The Local Beans

在峴港擁有兩間店的當地咖啡廳。
四層建築的一、二樓是開放空間，
三、四樓則是室內座位，店內也有
共享工作空間。使用全國各地生產
的咖啡豆，種類繁多。

MAP 附錄P.15 C-3　　　　　峴港

所 56A Le Hong Phong,Phuoc Ninh,Hai
Chau　交 漢市場步行10分
電 0236-9999972
營 6:30～22:30（週一到21:30）　休 無休
費 3萬5000VND

購買峴港伴手禮
就到這裡來！

Danang Souvenirs &
Cafe

有著大片落地窗的咖啡廳，設有一
面網美牆，深受觀光客和當地年輕
人喜愛。店內也有販售峴港特有的
雜貨，用餐完畢後也可以找找峴港
的伴手禮。

MAP 附錄P.15 C-3　　　　　峴港

所 68 Tran Quoc Toan
交 漢市場步行10分
電 0236-3872555
營 7:30～22:30
休 無休　費 45萬VND～

這裡最推薦

**店內的
藝術設計**

網美牆上畫著南
國的動植物，可
愛的圖案可說療
癒人心。

1 Jasimine Red 4萬
5000VND（左），
Passion Fruit 4萬VND
（右）**2** 店內販售許多
峴港特色雜貨，也有販
售食品 **3** 牆上的南國
風壁畫非常可愛

岘港名菜

岘港多為海鮮料理，調味也很合外國遊客的口味，例如魚蛋米線、粉條等，有非常多的選擇。

美食 Gourmet

粉條 Mì Quang

粉條上擺著蔬菜、肉、蝦子等配菜，加上以魚高湯為底的甜辣醬汁拌著一起吃，是岘港名菜。

推薦的配菜

加上香蕉花和香草，淋上萊姆汁，味道非常清爽

知名的乾粉條老店
Mi Quang 1A

用米粉做的粗粉條，滋味一絕。可另外點一份香蕉花和香草的配菜，淋上萊姆汁一起吃。當地吃法會再加一份蝦餅（5000VND）和麵一起享用。

MAP 附錄P.15 B-2　　　　　　　　　　岘港

⊞1A Hai Phong　☒漢市場步行15分　☎0236-3827936　🕐26:00～21:00　㊡無休　💰44萬VND～

岘港名菜應有盡有
Tran

可以品嚐到豬肉米紙捲這項名菜的專賣店。餐廳位於瀚江大橋附近，逛街途中有經過可以嚐看看。

MAP 附錄P.15 C-2　　　　　　　　　　岘港

⊞4 Le Duan　☒漢市場步行10分　☎0236-3849022　🕐8:30～22:00　㊡無休　💰15萬VND～

豬肉米紙捲
Banh Trang Cuon Thit Heo

有豬肉、米紙、豆芽菜、生菜、小黃瓜、香菜等大量鮮蔬和蒸豬肉，吃起來很健康。

推薦的醬汁！

蝦子發酵製作的蝦醬，味道很特殊，有些人吃過就上癮了

海南雞飯　Com Ga Xe

類似台灣的雞絲飯，雞肉有濃厚的胡椒香，和米飯很對味。

推薦的醬汁！

推薦加辣醬或配甜辣醬高麗菜一起吃

在地人和觀光客都很愛
Com Ga A. Hai

炒過的雞肉加上使用木鱉果上色的米飯，軟嫩的雞肉和附湯非常美味，分量也很足夠，在地人也經常光顧。

MAP 附錄P.15 B-3　　　　　　　　　　岘港

⊞100 Thai Phien　☒漢市場步行10分　☎090-5312642　🕐8:30～23:30　㊡無休　💰5萬VND～

海灘沿岸也有很多酒吧，一邊欣賞海上夜景一邊小酌非常浪漫。

海邊度假勝地岘港，與感受歷史風情的中越城市／岘港的美麗咖啡廳和名產美食

走訪中越代表性景點
以及世界遺產

峴港擁有登錄世界遺產的遺跡、巨大觀音像、佛手橋等等……
有許多以美麗的大自然為背景，壯觀的觀光景點。
中越四處都有值得探訪的景點，非常適合來這裡走走看看。

高空的景觀
太讚了！

■「神明的手」位於半山腰，是一
雙巨大的手部塑像。位於高空纜車
中段的停靠點 ②仿造法國街景的法
國村，有著美麗的庭園 ③入場門票
包含高空纜車的來回票

峴港當紅主題樂園

巴拿山
Ba Na Hills

從峴港市中心車程約40分就
能抵達。園內有高空纜車，
還有「神明的手」捧著的黃
金佛手橋。

MAP 附錄P.2 D-3　　　峴港周邊

🏠 Thon An Son, Xa Hoa Vangla
🚗 峴港國際機場車程1小時50分
☎ 0236-3749888
🕐 7:00～22:00　休 無休
💰 479萬VND（含高空纜車票）

走訪神祕的聖地

五行山 Ngu Hanh Son

峴港郊區有五座石峰分別為金、
木、水、火、土，總稱為五行
山，山體由大理石構成，所以又
稱Marble Moutain。參觀重點是
標高106公尺的水山，2號門有電
梯，往西邊是1號門，總共有兩個
入口，水山有供奉佛像的洞窟和
瞭望台。

MAP 附錄P.15 A-1　　　峴港周邊

🚗 峴港市區車程15分
☎ 0236-2243206
🕐 7:00～17:00
休 無休
💰 4萬VND
　（電梯票單程1萬5000VND）

■玄空洞（Huyen Khong
Cave）／途中經過最高的洞
窟，岩壁上供奉著佛陀，氣氛
莊嚴 ②華嚴洞（Hoa Nghiem
Cave）／最為壯觀，當中供奉
觀音菩薩 ③藏珠洞（Tang
Chon Cave）／洞窟內有祠堂
和佛像，更深處還有涅槃佛 ④
舍利塔（Xa Loi Tower）／六
角形的七層建築，非常獨特，
塔內供奉著佛像

占婆王國的歷史

2～17世紀強盛一時的占婆王國，因為與外國的交易，發展出獨特的文化，美山聖地即是占婆文化的集大成。

潔白莊嚴的觀音像

靈應寺 Linh Ung Pagoda

山茶半島的半山腰上，有一座2010年落成的寺院，寺內有一座67公尺高的菩薩像，俯瞰著峴港。

MAP 附錄P.15 B-1　　峴港周邊

所 Hoang Sa, Son Tra Peninsula
交 峴港國際機場車程30分　停 無
時 7:00～22:00　休 無休　費 免費

❶佇立在蔚藍晴空下的神聖菩薩像，蓮花座也非常精美
❷本殿有佛陀弟子的十八羅漢像，氣氛莊嚴

這些地方也有
占婆遺跡！

現存最古老的占婆遺跡

A **婆加占婆塔 Thap Po Nagar**
內有祀奉占族女神，楊婆那加的祭壇，其地位與印度教主神，濕婆的妻子烏瑪女神一樣崇高。
交 芽莊市中心車程10分

丘陵上的三座神塔

B **波克朗加萊塔 Po Klaung Garai**
建於13～14世紀，當時占婆王國的南部領土範圍縮小，為該時期的遺跡。
交 潘郎一塔占車程10分鐘

過去的首都，毘闍耶遺址

C **平定遺跡群 Binh Đinh**
位於沿海城市，歸仁近郊。是10～15世紀時期的遺跡群，風格受到高棉建築影響。
交 歸仁車程20分鐘，距離約10公里

高棉建築風格的祠堂群

D **婆薩努占婆塔群 Po Hai**
能望見大海的山丘上有著大大小小的遺跡，建於8～9世紀。
交 潘切車程15分，距離約8公里

三座塔構成的傑作

E **康美塔 Thap Khuong My**
建於9～10世紀初，多樣化的紋飾為其特徵。
交 會安車程1小時，距離約40公里

❶和大自然融為一體的遺跡，形成神聖的景觀 ❷雕刻於石壁的女神像，塔內較少裝飾，但外牆留有許多雕刻遺跡

神祕的占婆王國聖地

美山聖地 My Son Sanctuary

占婆王國的聖地遺址，於1999年登錄為世界遺產。紅磚建築物內，祀奉著與國王一體化的印度教主神濕婆神。美山聖地位於盆地中央，四周環山群繞，南面聳立著Mahaparvata聖山，與大自然、融合形成美麗壯觀的景色。

MAP 附錄P.3 D-4　　峴港周邊

交 峴港國際機場車程約1小時10分，建議購買旅行社或飯店的套裝行程較方便（※在售票處購票後，前往遺跡前的停車場，再步行10分鐘）
電 0235-3731309
時 6:00～17:00（售票～16:30）
休 無休
費 15萬VND

❸環山群繞的寬廣聖地
❹在遺跡區發現的神明雕刻

五行山以蘊含神奇能量聞名，《西遊記》中孫悟空就是被壓在五行山下。

海邊度假勝地峴港，與感受歷史風情的中越城市／代表性景點以及世界遺產

歷史悠久的古都
在順化感受王宮文化

阮朝為越南最後的王朝，其首都即是順化。
順化皇城四面環水，綠樹成蔭，充滿年代悠然的風情，
一起來看看這座登錄為世界遺產的歷史遺跡。

漫步順化❶
首先到世界遺產的皇城遺址逛逛

華麗的王宮遺跡，連小細節都十分有看頭，
整個逛完大約要一小時

順化皇城　Dai Noi

阮朝在1802～1945年間共有13任君王，
其王宮遺跡是順化最知名的觀光景點。例
如宮殿、門、旗台等，有許多值得一看的
地方。其中必看的是南側入口「午門」，
和正中央的「太和殿」。

MAP 附錄P.13 B-2　　　　　　　　　老城區

🏠 Duong 23/8　🚶 東巴市場步行12分
🕐 7:00～17:30，冬季7:30～17:00　🈳 無休
💰 15萬VND

世界遺產

順化　Hue

越南最後的王朝：阮朝（1802～1945）的首都
所在。市區由香江一分為二，一邊是舊城區
（京城）、一邊是新市區。最有名的景點是位
於舊城區的順化京城，包含在1993年越南第一
個登錄為世界遺產的「順化歷史建築群」當
中，能一窺當時王朝的模樣。香江沿岸的寺院
和陵墓也是熱門景點。

MAP 附錄P.12-13　　　　　　　　　　中部

Access

飛機　從河內出發的班機一天約5～6個航班，
飛行時間大約1小時10分。從胡志明出發一天
約有9～14個航班，飛行時間約1小時25分。
鐵路　從河內出發大約12小時30分起，從胡
志明出發大約要20小時。

市內交通
租借腳踏車　可以在飯店租用腳踏車，1天大
約4萬～6萬VND。
計程車或計程機車　可以透過飯店或旅行社安
排包車，計程機車的行情一天約40萬VND
起，依距離長短喊價。

阮朝皇城遺跡在越戰
時遭受嚴重破壞，現
已修復，非常壯觀

必看的顯臨閣

阮朝建造的菩提寺，
有3層樓閣，還有刻著
皇帝名字的青銅鼎

閱是堂有無形文化遺
產，可以在這裡欣賞
王宮舞蹈和音樂的演
出（另外收費）

以中國北京的
紫禁城為參考
建造，石柱雕
刻著象徵皇帝
的龍

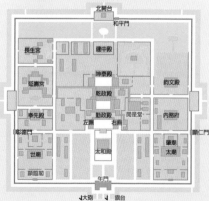

順化的遺跡景點禁止穿著短褲、無袖上衣等較為暴露的服裝進入

漫步順化 2
參觀阮朝遺跡

利用遊船沿著香江參觀史蹟建築最為方便，相關行程可透過飯店或旅行社預約，費用17萬VND起

→往順化京城

建於流謙湖畔的沖謙榭

阮朝第四任皇帝的陵墓
謙陵
Lang Tu Duc

阮朝在位時間最長的第四任皇帝陵墓。建築為別墅風格，周圍有蓮花池、釣魚處等，非常風雅。

MAP 附錄P.13 A-4　　　順化郊區

因 順化皇城車程20分
關 7:00～17:30　冬天7:30～17:00
休 無休　圓 10萬VND

也稱為「靈姥寺」

八角形的七層建築最有名
天姥寺
Chua Thien Mu

塔名為「福緣塔」，有幸福與恩賜的涵意。每一層都供奉佛像。

MAP 附錄P.13 A-3　　　順化郊區

因 順化皇城車程15分
關 自由參觀（本殿7:00～17:00）　休 無休　圓 免費

塔遊船悠閒觀光

巴洛克風格建築與裝飾是重點
應陵
Lang Khai Dinh

融合法國巴洛克風格，具有異國風的建築。皇帝銅像下放著皇帝的靈柩。建於丘陵上，因此景觀很好。

MAP 附錄P.13 A-4　　　順化郊區

因 順化皇城車程20分　關 7:00～17:30，冬天7:30～17:00　休 無休　圓 10萬VND

建築風格令人聯想到歐美宮殿

順化最美
孝陵
Lang Minh Mang

建築非常講究的陵墓，內有讚頌皇帝功績的石碑、皇帝與皇后的牌位等物。

MAP 附錄P.13 A-4　　　順化郊區

因 順化皇城車程30分
關 7:00～17:30，冬天7:30～17:00　休 無休　圓 10萬VND

崇恩殿祀奉著皇帝和皇后的牌位

在順化必吃「王宮料理」

來到古都，一定要嘗試擁有歷史背景的宮廷料理，古色古香的擺盤和美麗的配色讓人捨不得食用。

能一窺阮朝風格的宮廷料理
Y Thao Garden

排出鳳凰模樣的炸春捲擺盤，以及使用香蕉葉包裹魚漿蒸熟擺成扇形等料理，非常賞心悅目，是順化宮廷料理的名店。

MAP 附錄P.13 A-2　　　舊城區

所 3 Thach Han　因 順化皇城步行15分 ☎ 0234-3523018　關 11:00～22:00　休 無休

料理擺盤十分美麗，吃掉都覺得很可惜

海邊度假勝地峴港，與感受歷史風情的中越城市／在順化感受王宮文化

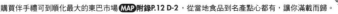

購買伴手禮可到順化最大的東巴市場 **MAP** 附錄P.12 D-2，從當地食品到名產點心都有，讓你滿載而歸。

充滿懷舊風情的街景
會安散步之旅

16～17世紀，會安曾是海上絲路、繁榮一時，
建築有中國風也有日式風格，整體充滿異國風情，
跟我們一起漫步在這座充滿懷舊風情的港都吧！

漫步會安
到古鎮散步去

到會安古鎮觀光，基本上
都是步行，進入觀光景點
需購票，周邊都有
設置售票處。

燈籠是街道
的標誌

Tran Phu路 ①

②

成為紙鈔圖案的象徵景點

② 來遠橋 (日本橋)
Cau Lai Vien (Cau Nhat Ban)

1593年，由居於會安的日本人
所建，橋中央有一座祈求航海安
全的小寺廟。因距離外國船隻停
泊處很近，被稱為來遠橋。

MAP 附錄P.16 A-3　　　　會安古鎮

🏠 Tran Phu　🚶 會安市場步行10分
🕐 自由參觀（寺廟開放時間7:00～
20:00）　休 無休 ※參觀寺廟需購票

世界遺產

保留繁盛時期的
街景風貌，晚上
點燈後的街景彷
彿穿越時空

會安

在15世紀時作為國際貿易港口興盛一
時，當時日本、中國、歐洲各國貿易商
會在此停留，因此街上建築有著各國特
色，很有異國風情。古鎮還保留著180年
前的街景樣貌，許多具有特色的木造民
房矗立於此。其特殊性可說是東南亞獨
一無二，並在1999年登錄為世界遺產。

MAP 附錄P.16　　　　中部

現在仍有後人
居住，並轉型
土產店

三國建築風格並存

① 馮興古宅 (馮興家)
Nha Co Phung Hung

大約200年前的貿易商人住處，特色為
牆壁是越南式、門和柱子是中國式、屋
頂是日式，融合三國風格的建築。為防
範洪水，2樓地板有一個方便從1樓搬運
物品上來的洞。

MAP 附錄P.16 A-3　　　　會安古鎮

🏠 4 Nguyen Thi Minh Khai　🚶 來遠橋附
近不遠處　🕐 8:00～18:00　休 無休

Access

計程車　峴港出發約50分，正常跳
表計費為34萬VND起。
巴士　從峴港出發，營運時間為
5:30～18:00，每20分左右一班，一
趟約1小時，費用為2萬5000VND。

市內交通
會安古鎮部分區域車輛禁止進入，
建議搭三輪車或步行參觀。三輪車
價錢大約1小時10萬VND起。

每天18～22時會點燈，非常漂亮

可以購買套票

會安的觀光景點需購票參觀，可在古鎮的售票處購買，費用12
萬VND（一套五張，可從會安觀光局列出的21個景點中選擇5個
參觀）。

☎0235-3862715（會安旅遊指南辦公室）
🕐7:30～21:30 休 無休

④

**廣勝古宅
（廣勝家）**

約300年前的中國
商人建造的木造
民房，家族一直
生活於此，歷經6
個世代。

關帝廟

1653年建造的小型
道教寺廟，中央有
個小池塘。

Nguyen Thai Hoc街

福建會館

華僑最大的集會場所，供
奉福建省信仰的天上聖母
（媽祖）。

會安市場

潮州會館

有個梳著日本髮型的中
國少女雕刻，可見當時
此處位於中日生活街交
界處的歷史。

供奉陳氏家族祖先的祠堂

展示重視祖先
的美麗擺設

③

讓人想仔細欣賞的螺鈿工藝

③ 進記古宅（進記家）
Nha Co Tan Ky

中國福建省商人建造，屋齡200年
的古宅，風格為中日融合。柱子
等處的螺鈿工藝非常精美。

MAP 附錄P.16 B-3　　會安古鎮

🏠101 Nguyen Thai Hoc
🚶來遠橋步行5分　🕐8:00～21:00
休 無休

土牆和小小的二樓窗戶是日本風，
保存狀態良好的古宅

④ 陳家祠堂
Nha Tho Toc Tran

1802年阮朝高官建造，兼做住宅使用的祠
堂，融合了中、越、日三國的建築風格。
三道門中央的那道門專供祖先的靈魂使
用，只有特殊日子會開放。

MAP 附錄P.16 B-2　　會安古鎮

🏠21 Le Loi　🚶來遠橋步行8分
☎0235-3861723　🕐8:00～18:00　休 無休

會安名菜「高樓麵&春捲」　　會安菜受到中國、日本等世界各國的影響，調味溫和，外國觀光客也容易入口

開設於古宅內的餐館

Trung Bac

歷史地區不常有的家常小吃店，這間餐
館是利用100年前的古宅裝修而成，展
現黑色光澤的內裝顯示其長久的歷史。
菜單有附圖片，很好理解。

MAP 附錄P.16 B-3　　會安古鎮

🏠87 Tran Phu　🚶來遠橋步行6分
☎0235-3864622　🕐8:00～21:30
休 無休

會安名菜高樓麵，
3萬VND，使用有
嚼勁的粗麵

白玫瑰的產地

White Rose

用米粉製作的薄麵皮，餡料為鮮
蝦、香菇、竹筍等，蒸熟後白裡透
紅的美麗模樣為其名字由來，一天
會製作數千份的名菜。

MAP 附錄P.16 A-1　　會安古鎮

🏠533 Hai Ba Trung　🚶來遠橋步行25分
☎090-3010986　🕐7:30～20:00
休 無休

就像白玫瑰般的花
瓣，因此命名為白
玫瑰。17萬VND起
（兩人份）

每個月滿月的日子，會安街上會點起燈籠，舉辦燈籠祭。

海邊度假勝地峴港，與感受歷史風情的中越城市／懷舊城市會安

越南出入境資訊

為了能順利出入境，先掌握大致的流程比較好，
由於通關可能會花點時間，建議行程安排保持一點彈性。

越南入境流程

1 抵達 Arrival

飛機抵達後，根據路標前往入境查驗櫃臺。持電子簽證可直接入境，申請落地簽則需在機場提交入境NA1表格。

2 入境查驗 Immigration

需出示護照及回程機票供查驗。

3 拿行李 Baggage Claim

到有顯示搭乘航班的輸送帶處領取行李，若找不到行李，請攜帶登機證以及行李標籤去找工作人員，或到「Lost & Found」櫃臺詢問。

4 通關 Customs

出示護照，行李經過X光檢查（有時不需檢查），若有需申報的物品，需到海關填寫申報，並與護照一同提交給關務人員。

5 入境大廳 Arrival Lobby

在兌幣所或ATM領取所需現金後，就可以前往轉運站。計程車搭車處位於A1棟出口左手邊。

●越南入境需申報對象及違禁品：

●外幣現金超過5千美元或等值之其他外幣、或VND現金超過1,500萬者、黃金飾品達300公克以上者需申報。
●酒精濃度20度以上飲料1.5公升、酒精濃度20度以下飲料2公升或3公升以上之含酒精飲料、香煙200根，雪茄20根，煙草250公克（未滿18歲者不得攜帶），均應辦理申報。
●其他違禁品如毒品、爆裂物、槍械等，以及古物、成人刊物、批判共產主義的報章雜誌等。

從桃園飛河內約3小時

越南出境流程

1 抵達機場 To Airport

在航班出發時間前2～3小時抵達。

2 報到 Check in

準備好護照和機票，到航空公司櫃臺或自助報到機報到，大型行李托運後，領取登機證和行李標籤。與出國時一樣，不得攜帶液體、刀械、電池類物品。

3 出境查驗 Immigration

到出境查驗櫃臺出示護照和登機證。

4 安全檢查 Security Check

出示護照和登機證，進行隨身行李及全身安檢。超額現金和古董檢查很嚴格，需注意。必要時可能需提出入境時的申報資料。

5 前往登機處 Departure Lobby

完成兌幣和退稅流程，領完免稅品之後前往登機門，透過螢幕確認登機門號碼。

●台灣入境免稅對象

※112年1月1日起，攜帶酒類產品入境，以年滿18歲之旅客為限；攜帶菸品入境，以年滿20歲之旅客為限。

酒類	總量1公升
菸類	（1）捲菸200支，或（2）雪茄25支，或（3）菸絲1磅。 ※112年3月22日起，未經衛生福利部健康風險評估審查核定通過之指定菸品（加熱式菸品），旅客不得攜帶入境。
非處方藥 含藥化粧品	每種至多12瓶，合計以不超過36瓶。 每種至多12瓶，合計不得超過36瓶。
其他	已使用之行李物品單件或1組完稅價格在新臺幣1萬元以下者。

●禁止攜帶、違禁品：

●違反動植物檢疫規定、華盛頓公約、野生動物保育法（第24條）規定者
●槍砲、彈藥及刀械
●毒品及非醫師處方或非醫療性之管制藥品
●侵害專利權、商標權及著作權之物品
※詳細請參閱財政部關務署「入境旅客」相關規定

河內旅遊建議

在河內，不管是餐廳或是購物，
都有一些小知識，如果可以事先了解掌握，就能玩得更開心

餐廳建議

1.餐廳有許多類型

● 高級餐廳…河內市區有不少高級餐廳，味道和服務以及環境都不錯，大部分也都有英文菜單。
● 大眾餐館…多為使用當季食材的家庭料理，推薦給想要體驗當地氣氛和滋味的人。
● 路邊攤…老城區有很多路邊攤，餐後和下午三點會有賣小吃的攤販。
● 咖啡廳…受到法國影響的咖啡廳文化，河內到處都有時尚漂亮的咖啡廳，不怕沒地方休息。

2.營業時間

高級餐廳和生意較好的高空酒吧可能需要預約，但大多不需要預約也可以入內用餐。一般營業時間為10時～22時，部分店家在14時～17時會休息，路邊攤和大眾餐館也可能售罄即打烊。大部分的店家只休Tet（農曆新年）期間，另外，需注意大眾餐館和路邊攤不收信用卡。

3.小費

餐廳不用給小費，但高級餐廳可能會收VAT（10%）和服務費（5%～）。若菜單上的價格有標示「＋＋」表示已含稅以及服務費。

購物建議

1.商店類型

河內有百貨公司、超市、便利商店、市場等各式各樣的商店，想買客製服裝或雜貨就去個人商店，若想要體驗當地氣氛就去市場，想買食品等伴手禮可以去超市。若是想買飲料和小點心，或只是想稍微逛逛，便利商店會是比較好的選擇。

2.關於喊價

市場和小店一般都會喊價，有些商店大量購買或以VND交易可以打折。購買前建議可以多走幾間店比價。

3.關於尺寸

採公制單位，服裝尺寸有S、M、L，歐規38～55號等，各店不同。尺寸基本上僅供參考，最好還是試穿後再購買。

4.關於VAT

越南購物要另加10%增值稅（VAT），在可以退稅的商店，消費含VAT總價200萬VND以上者，結帳的時候請記得出示護照以索取購物明細、退稅單等相關單據，提交給機場的退稅櫃臺。

禮儀及禁忌

1.不要以碗就口

以碗就口喝湯在當地也有失禮儀，但湯可以拌飯吃。

2.拍照時的注意事項

部分軍事設施和寺廟禁止攝影。另外，越南人不喜歡站在三人的中間位置，或是被拍到在睡覺的模樣。

3.注意言行

越南為公安監視體系，請避免涉及政治及國情相關的批判言行。

當地習慣

1.Tet（農曆新年）

因當地人往返故鄉，交通會非常混雜，這段時間最好避免到較鄉下的地方旅遊，且很多店家會在這段時間休息。

2.小費

門僮、房務小費為2萬VND。高級餐廳的價格如已包含服務費，則不需小費。沙龍SPA會給5～10萬VND。

3.營業時間

越南的公家機關和公司行號大約8時（或7時半）上班，午休1～2小時不等，16～17時（銀行16時）下班。公司行號一般週六日休息，博物館有可能週一公休。

4.道路通行方向

車輛為右側通行，由於道路交通量龐大，行人請務必走行人穿越道。

從機場前往河內市區

內排國際機場距離河內市中心約45公里，
規模不大，不太會迷路，旅程就從這裡開始。

內排國際機場

MAP 附錄P.5 A-3

☎ 1900-636-535

距離河內市中心東北方約45公里，從機場到市中心最少要1
小時左右。入境大廳有各家銀行的兌幣處以及ATM，建議在
此換好需要的金額再前往市中心。機場也有旅客服務中心，
可在此預約飯店或諮詢交通相關事宜。

第二航廈（國際線）三樓出境大廳

第二航廈（國際線）一二樓出境大廳

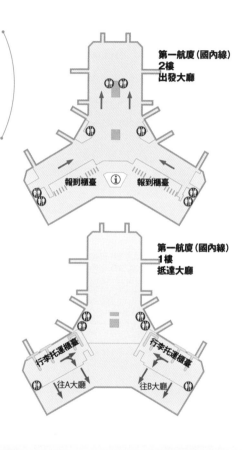

第一航廈（國內線）
2樓
出發大廳

第一航廈（國內線）
1樓
抵達大廳

前往中越地區

前往順化、會安等中部地區時，要從國際線轉乘
國內線。內排國際機場的第一航廈是國內線，第
二航廈是國際線，每15～30分鐘會有一班航廈接
駁車。也可以從河內市區利用鐵路服務前往。

＊飛機
從河內到順化一天大約有5～6
個航班，距離會安最近的峴港
甚至多達25個航班，交通時間
約1小時15～30分。
＊鐵路
從河內到順化或峴港，1天有5
班車。

注意航廈

內排國際機場的第一航廈是國內線，第二航廈是國際線，搭乘計程車時，請記得說清楚要去「Domestic（國內線）」還是「International（國際線）」。

從內排國際機場前往河內市區

機場計程車

從機場到市區最常用的交通方式

機場⟷市區
40～60分
30萬～40萬VND～

從入境大廳出來往左手邊走，就能抵達計程車搭乘處，這裡都是排班計程車，要小心強行拉客的白牌車。一律跳表計價。

右：出入境大廳往左手邊搭計程車，小心白牌車。

左：務必確認司機右手邊的表是否運作。

小巴士

可搭到老城區，只要2美元

機場⟷市區
60～90分
4萬VND
（2美元）

約10人左右的小巴士，開往越南航空公司。計程車搭乘處右手邊有工作人員，人數夠多才會發車，旅客可中途下車，會比較花時間。

飯店接送

事先和飯店預約，可安心利用

機場⟷市區
60分
每間飯店費用不同

預約住宿時也可以一併預約機場接送服務，通關後會看見飯店人員舉牌子等候，只是費用比計程車高出許多。

86號巴士

觀光客也可輕鬆利用

機場⟷河內站
60分
4萬5000VND

國內線和國際線航廈都有站牌，國際線的站牌在小巴士車程處附近，每45分一班車。路線上有河內大劇院、美利亞飯店等共8站，可以搭到河內站。

機場觀光巴士

座位比小巴士少，位置較寬敞

機場⟷越南航空公司
60～90分
4萬VND（2美元）

依據客運公司不同，有大型或中型巴士，營業時間為6～22時，每1小時一班車。路線上會停靠河內大宇飯店、越南航空公司、統一公園等站。

在河內移動
基本上是搭計程車

河內面積並不大，搭計程車在景點或商店之間移動比較方便，可靈活運用。

計程車　Xe Taxi

最方便及安全的交通方式

可以在飯店前或大馬路旁攔計程車，也可以請飯店櫃臺幫忙叫車。起跳金額各車行不太一樣，但大約都在1萬VND左右。有些司機會說英文，但大多還是只會說越南語，建議先查好目的地和其地址的越南語。有時候司機可能找錢找不開，最好自備零錢。最近也有叫車App，最有名是「Grab」，可靈活運用。

推薦的計程車行

綠色車身

Mai Linh Taxi

☏ 1055

白底藍紅圖案

Taxi Group

☏ 024-38515151

計程車會話

請幫我叫計程車

Gọi hộ tôi taxi với ạ.

（拿出地址）我要去這裡

Cho tôi đến chỗ này.

請停在這裡

Làm ơn dừng ở đây ạ.

費用和跳表金額不同

Khác với giá trên đồng hồ tính tiền.

掌握搭計程車的技巧

1 ┃ 攔計程車

和台灣一樣舉手攔車，路上的流動計程車，各方面品質會比路邊攬客的計程車好一點。也可以請餐廳或飯店的工作人員幫忙叫車。

2 ┃ 搭車

車門是手動的，需自行開門。開門時一定要先注意周遭是否有人車經過，也要注意車上是否有計程表。

3 ┃ 確認跳表和車身編號

上車之後可以給司機看目的地的地址或地圖、旅遊書等，為避免萬一，建議記下前檔處的營業證、車身編號等資訊。

4 ┃ 付錢下車

抵達目的地後，記得要付錢。由於越南幣值的關係，通常會省略2～3個0，例如車上顯示「9.5」就是9500VND，「95.」的話就是9萬5000VND。保險起見，建議向司機索取明細。通常會從右側下車。

「9.5」為9500VND

「12.」為1萬2000VND

過馬路時要注意！
像老城區那樣的小巷道路上也會有機車，由於號誌不多，過馬路時請務必當心。走過機車前方時可看著對方慢慢通過，在習慣前最好跟著當地人一起過馬路。

除了計程車還有這些交通方式

一般巴士　Xe Buýt

網羅主要道路，上手之後既便宜又方便

市內有許多停靠站，站牌上有越南語標示的停靠站和路線編號。利用地圖APP搜尋等方式確認目的地站名和搭乘路線，就能搭乘巴士前往。採用門上車，後門下車制度，車票在車內向車掌購買，每5～15分鐘一班車，費用7000VND起。

雙層巴士　Xe buýt hai tầng Hà Nội

繞行河內各大觀光景點的觀光巴士

會繞行河內市區，途經胡志明主席陵、昇龍皇城遺址等共14個景點，每站可自由上下車的雙層巴士。營運時間為9:00～18:30，每30分鐘一班車，費用30萬VND起，四小時內無限搭乘。週六、日停靠站可能有所變更，請上uhopon-hopoff.vn事先確認。

老城區電瓶車　Xe Điện

逛老城區很方便

繞行老城區的七人座電動車，乘車處分別為同春市場前與昇龍水上木偶劇場前兩站，費用為30分鐘24萬5000VND，60分鐘36萬VND。

計程機車　Xe Ôm

熟練運用就能成為旅行達人

坐在機車後座的計程車，但容易發生價格糾紛，因此不太推薦。市區內移動大約2～5萬VND。

三輪車　Xích Lô

充滿異國風情的人力車

觀光用人力車，收費是用喊價的，對初次到訪的人門檻比較高，透過旅行社安排比較好。費用1小時大約8～10萬VND。

有許多地方都與台灣不同，
事先掌握會更方便的河內基本資訊

雖說河內很多觀光客，但畢竟是另一個國家，
有許多習慣和台灣不同，事前知道一些基本習慣比較好。

公共電話

因為手機的普及，公共電話數量驟減。中、高級飯店的房內電話可以撥打國際電話，但通話費很貴。有需要請先撥飯店的外線號碼。

國際電話使用方式

舉例：
從河內打回台灣 ☎ 03-1234-5678

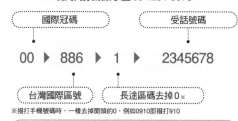

國際冠碼 —— 受話號碼

00 ▶ 886 ▶ 1 ▶ 2345678

台灣國際區號 —— 長途區碼去掉0※

※撥打手機號碼時，一樣去掉開頭的0，例如0910即撥打910

從台灣打去河內

舉例：
從台灣打去河內 ☎ 024-12345678
長途區碼去掉0

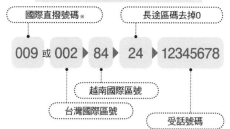

國際直撥號碼※ —— 長途區碼去掉0

009 或 002 ▶ 84 ▶ 24 ▶ 12345678

越南國際區號

台灣國際區號 —— 受話號碼

※依據通訊業者有所不同

國際通話服務業者

中華電信、遠傳電信、台灣大哥大等

手機

手機若有開通國際漫遊也可以打國際電話，使用機型、通話費用、方案等請事先與通訊業者確認。或者也可以使用LINE或Skype等網路通話，雖不需電話費，但會收取網路費用。推薦使用免費Wifi或網卡，且事前確認相關設定。

郵寄

寄送國際郵件或小包，可經由郵局櫃臺辦理。航空包裹約10～15天送達台灣，海運可能要1個月以上，依據選擇的快遞公司、航班、船班、地點有所不同。20克以下郵資2萬3000VND，小包1公斤40萬VND左右，EMS則是1公斤61萬VND左右。另外如DHL、Fedex、UPS等業者雖收費高昂，但運送速度較快，且可以透過網路報價、集貨。有些東西不能運送，需先確認好。

路邊的郵筒有分國內和國際投遞口

網路

智慧型手機在預約與通關手續等都派得上用場，為避免產生高額通訊費用，建議先確認越南的通訊條件和手機設定。越南境內有許多免費Wi-Fi熱點，租賃Wi-Fi分享器或網卡會很方便。

許多飯店也有網路可用，建議事先確認

信用卡與ATM

大型金融服務機構的信用卡，部分位於市區的飯店和餐廳、商店可以使用，越南多數採手續費由消費者負擔形式，結帳前建議先確認。需要使用現金時，可直接在ATM提領當地貨幣。除ATM外，刷卡有時也需要輸入交易密碼，建議出發兩週前先確認卡片額度、商店收費方式等。為避免卡片遺失衍生後續問題，卡片密碼和緊急聯絡人資訊最好和卡片分開放。

飲水

不要飲用生水，瓶裝水有Volvic或evian等知名品牌，也有多種當地品牌，500毫升的瓶裝水約6000VND起。但部分不肖商店會拿自來水當瓶裝水賣，購買時請多加留意瓶蓋狀態。若腸胃較敏感，也要小心飲料裡的冰塊，建議去冰。

廁所

外國旅客較常去飯店、餐廳，大多數會有設備完善的廁所，但有很多地方的廁所是用水桶接水或用水管沖水的。此外，也有很多地方的廁所不附衛生紙，因此最好要自備。使用後的衛生紙不可丟進馬桶，應丟進垃圾桶。

電壓與插座

越南大多為220V，50Hz，如要使用100V的電器用品需自備變壓器。最近許多3C產品都能用到240V，沒有變壓器也能使用。但每個地方的插座不一定是同類型，建議帶個轉接頭，部分中、高級飯店也能租借。

一般插座大多平腳插頭與扁腳插頭都可以用

其他緊急狀況

＜受傷或生病＞

越南旅遊經常會遇到因食用生菜或飲用生水引起食物中毒的情況。建議少去衛生堪慮的店家，並盡量食用熟食。另外也有因蚊蟲叮咬感染疾病的情況，最好準備防蚊液。若有急病、受傷、疑似確診新冠病毒等情況時，請先與飯店櫃臺或保險公司客服聯絡，按對方的建議行事。河內市中心也有通外語的醫院或有24小時急診中心，但建議前往與保險公司有合作的醫院較為方便。若為自費診療，請務必索取收費明細等相關證明。

＜急難救助＞

為預防萬一，建議可安裝外交部領事事務局的「旅外安全指南」APP，結合智慧型手機之適地性服務（Location-Based Service），能隨時隨地瀏覽前往國家之基本資料、旅遊警示、遺失護照處理程序、簽證以及我駐外館處緊急聯絡電話號碼等資訊。
URL www.boca.gov.tw/cp-92-246-b7290-1.html

＜治安＞

老城區和傳統市場經常發生搶劫或偷竊案件，典型手法為歹徒騎乘機車從後方靠近搶奪財物，或在人多複雜的地區遭扒手偷竊。建議多加留意貴重物品，尤以同春市場周邊、老城區等觀光客較多的地區更需要加小心。另外也建議要小心交通事故，由於越南的人車界線相較下比較不明顯，汽機車時常使用相同的車道，因此建議過馬路時最好跟著當地人行動，或走有號誌的斑馬線。

小心別人寄放的行李！
人在異國，即便是認識的人，也千萬不要幫忙保管物品或行李。以避免運毒等麻煩找上身，嚴重時甚至可能負法律責任（依國情不同也可能判處死刑），請千萬要小心！

越南主要假期

1月1日	新年
2月8〜14日左右	Tet（農曆過年，9日是除夕）＊
4月18日	雄王節（雄王誕，農曆3月10日）＊
4月30日	勝利日（解放南方統一日）
5月1日	國際勞動節
9月2日	國慶日（獨立紀念日）

※2023年9月〜2024年8月的陽曆日期。
※標示＊的條目依據每年農曆有所變動。

Tet為當地最重要的節日，大部分的人都會全家團聚慶祝

假期有許多店家公休，路上交通也會比較混亂

index

河內

景點			
Hang Da市場	市場、土產	老城區	21
Hang Than街	布丁街	西湖南部	43
Hom市場	市場	還劍湖周邊	61
Ngu Xa街	河粉街	西湖南部	35
P. Gam Cau 市場	市場	老城區	19
P. Hang Bac	銀製品街	老城區	19
P. Hang Bo	手作街	老城區	60
P. Hang Chieu	籃子、草席街	老城區	18
P. Hang Khoai	廚房用品街	老城區	19・71
P. Hang Manh	紙紮、喪葬用品街	老城區	18
Hang Can街	文具街	老城區	54
P. Phung Hung	藝術街	西湖周邊	71
Tong Duy Tan路	小吃街	還劍湖周邊	57
一柱寺	景點	西湖南部	55
女性博物館	博物館	還劍湖周邊	52
大教堂	教堂	老城區	52
大劇場	劇場	還劍湖周邊	57
文廟	景點	河內站周邊	75
古宅保存館 (Ma May街87號古宅)	景點	老城區	75
同春市場	市場	老城區	19・61
西湖府	景點	西湖北部	59
河內中央郵局	郵局	還劍湖周邊	53
昇龍皇城遺址	遺址	西湖南部	57
胡志明主席陵	景點	西湖南部	56
胡志明陵寢	景點	西湖南部	56
俗稱殖民街	殖民地風格建築	還劍湖周邊	54
陶瓷馬賽克壁畫街	馬賽克壁畫街	河內站周邊	55
越南美術館	博物館	西湖周邊	57
龍編橋	復古鐵橋	還劍湖周邊	55
還劍湖	湖		52
美食			
1946	北越料理	西湖南部	36
All Day Coffee	咖啡廳	西湖周邊	40
An Bien	北越料理	還劍湖周邊	35・36
Bun Dau Tuyen	炸豆腐米線	還劍湖周邊	64
Bun Rieu Huyen Thu	蟹膏米線	還劍湖周邊	64
Café Pho Co	咖啡廳	老城區	53
Chan Ga Tanka	越南燒烤	西湖南部	67
Che Bon Mua	甜點	老城區	43
Com Viet	越南料理	西湖周邊	35
Cong Caphe	咖啡廳	老城區	40

Cua Hang An Uong Mau Dich So 37	北越料理	西湖南部	37
Duong's Restaurant	越南料理	還劍湖周邊	65
Hanoi Social Club	咖啡廳	還劍湖周邊	41
Hien Tra Truong Xuan	茶飲	河內站周邊	69
HIGHLANDS coffee	咖啡廳	老城區	49
Home	時尚・越南料理	西湖周邊	39
Joma Bakery Cafe	咖啡廳	西湖北部	58
Kem-Sua Chua	冰品	還劍湖周邊	43
KOTO	越南料理	河內站周邊	57
La Place	咖啡廳	老城區	41
La Terrasse	咖啡廳	還劍湖周邊	44
Le Club	巧克力Buffet	還劍湖周邊	45
Mai Anh	河粉	還劍湖周邊	33
Manzi	咖啡廳	西湖南部	41
Minci Pudding	布丁	西湖南部	43
Newday	大衆食堂	老城區	66
Pho Cuon 31	河粉捲	西湖南部	35
Pho Gia Truyen	河粉	老城區	32
Pho Thin	河粉	還劍湖周邊	32
Serein Cafe Lounge	咖啡廳	西湖周邊	55
Thanh Van	春捲	老城區	35
Thang Ngoc	路邊海鮮攤	西湖南部	67
Tra Chanh	茶飲	老城區	69
Trang Tri	碎冰什錦水果粒、冰沙	老城區	43
Wrap & Roll	春捲	還劍湖周邊	35
購物			
Amazing Hanoi	少數民族雜貨、刺繡雜貨	大教堂周邊	23
Chie Handmade	少數民族雜貨	老城區	25・28
Chula	時尚	西湖北部	58
Copenhagen Delights	時尚、雜貨	西湖周邊	59
Craft Link	少數民族雜貨	河內站周邊	25
GinkGo	T恤	老城區	27
Flora	時尚、雜貨	大教堂周邊	26
Indigo Store	少數民族雜貨	河內站周邊	24
Intimex	超市	老城區	62
Moon Crafts	鉢場陶瓷、飾品	老城區	21
Mountain's Color	少數民族雜貨	老城區	23・29
Nagu Shop	越南風雜貨	大教堂周邊	20
Hanoia House	雜貨	老城區	26
Humanity Hanoi	時尚、雜貨	西湖北部	59
Huong Sen	蓮花茶	老城區	29
Kana	時尚、雜貨	老城區	22
Nhom Hai Phong	琺瑯雜貨	老城區	20
Sapa	少數民族雜貨	老城區	25
Star Lotus	伴手禮、珠寶	市南部	28
Tan My	刺繡雜貨	老城區	21

Tanmy Design	時尚、雜貨	老城區	22·27
Trang Tien Plaza	購物中心	還劍湖周邊	23
Winmart	超市	還劍湖周邊	63
綠米糕	傳統點心	西湖南部	43

美容保養

Amadora Wellness & Spa	SPA	市南部	46
evian spa	SPA	市西部	46
Le Spa	SPA	還劍湖周邊	45
Urban Oasis Spa	SPA	老城區	73
Serene Spa	SPA	老城區	72
Son Spa	SPA	河內站周邊	47

娛樂

Ca Tru Ha Noi club	歌籌	老城區	75
Lotus水上木偶劇場	水上人形劇場	老城區	75
昇龍水上木偶劇場	水上人形劇場	老城區	74
越南水上木偶劇場	水上人形劇場	市南部	74

夜間好去處

Cau Go	頂樓高空餐廳	老城區	48
Cha Ca Tan Tan	居酒屋	還劍湖周邊	71
Hai Xom	Bia Hoi	還劍湖周邊	70
Highway4	居酒屋	老城區	71
Sunset Bar	戶外酒吧	西湖北部	49
The Summit	高空酒吧	西湖南部	49

住宿

河內大宇飯店		市西部	82
河內希爾頓歌劇院酒店		還劍湖周邊	82
河內泛太平洋飯店		西湖南部	82
河內松柏精品飯店		還劍湖周邊	82
河內美利亞飯店		還劍湖周邊	29·44
河內索菲特大都市飯店		還劍湖周邊	81
河內格蘭美爵飯店		河內站周邊	82
河內絲路精品飯店		還劍湖周邊	80
河內鉑爾曼飯店		西湖南部	81
河內歌劇院美憬閣飯店		還劍湖周邊	82
河內瑞享飯店		河內站周邊	82
美居河內香格里拉飯店		河內站周邊	82
峴港洲際陽光半島度假飯店		西湖北部	82

河內郊外、中越

景點

Ba Na Hills	景點	峴港	94
Cau Rong	景點	峴港	91
Paradise Elegance	船	下龍灣	77
下龍灣	景勝地	下龍灣	76

五行山	景點	峴港	94
天姥寺	寺院	順化／郊外	97
占婆雕刻博物館	博物館	峴港	90
孝陵	景點	順化／郊外	97
阮朝皇城遺跡	王宮跡	順化／老城區	96
東巴市場	市場	順化／老城區	97
來遠橋	景點	會安／老城區	98
東湖民間文化交流中心	東湖版畫	東湖	79
東湖村	版畫村	東湖	79
美山聖地	世界遺產	峴港	95
陳家祠堂	景點	會安／老城區	99
順化	世界遺產	順化	96
進記古宅	景點	會安／老城區	99
馮興古宅	景點	會安／老城區	98
會安	世界遺產	會安	98
蜆港	度假勝地	峴港	83
峴港大教堂	景點	峴港	90
峴港博物館	博物館	峴港	91
鉢場	陶器村	鉢場	78
漢市場	市場	峴港	90
謙陵	景點	順化／郊外	97
應陵	景點	順化／郊外	97
靈應寺	景點	峴港	95
美食			
Com Ga A. Hai	海南雞飯	峴港	93
Danang Souvenirs & Cafe	咖啡廳、雜貨	峴港	92
Tran	豬肉米紙捲	峴港	93
Mi Quang 1A	乾粉條	峴港	93
The Local Beans	咖啡廳	峴港	92
Trung Bac	高樓麵（麵料理）	會安／老城區	99
Y Thao Garden	順化料理	順化／老城區	97
購物			
Delicious Ceramics	陶器	鉢場	78
Hoa Ly	雜貨	峴港	91
KaHoLi Store	雜貨	峴港	91
White Rose	白玫瑰（米料理）	會安／老城區	99
阮友杉工作室	東湖版畫	東湖	79
住宿			
峴港洲際陽光半島度假飯店		峴港	89
峴港綜合套房飯店		峴港	89
喜來登大飯店峴港度假村及會議中心		峴港	88
諾富特下龍灣飯店		下龍灣	77

ことりっぷ co-Trip 世界小伴旅

河內
峴港

國家圖書館出版品預行編目(CIP)資料

河內：峴港 / MAPPLE昭文社編輯部作；
黎蕙慈翻譯. -- 第一版. -- 新北市：
人人出版股份有限公司, 2024.10
面；　　公分. -- (co-Trip世界小伴旅系列；2)
譯自：ことりっぷハノイ ダナン
ISBN 978-986-461-399-1(平裝)

1.CST：旅遊　2.CST：越南河內市
738.3739　　　　　　　　　113011290

【co-Trip 世界系列 2】

河內 峴港

作者／MAPPLE 昭文社編輯部
翻譯／黎蕙慈
特約編輯／張維君
發行人／周元白
出版者／人人出版股份有限公司
地址／231028新北市新店區寶橋路235巷
6弄6號7樓
電話／(02)2918-3366（代表號）
傳真／(02)2914-0000
網址／www.jjp.com.tw
郵政劃撥帳號／
16402311人人出版股份有限公司
製版印刷／長城製版印刷股份有限公司
電話／(02)2918-3366（代表號）
香港經銷商／一代匯集
電話／(852)2783-8102
第一版第一刷／2024年10月
定價／新台幣300元
港幣100元

co-Trip Hanoi ことりっぷハノイ ダナン
Copyright © Shobunsha Publications, Inc. 2023
All rights reserved.
First original Japanese edition published by
Shobunsha Publications, Inc. Japan
Chinese (in traditional characters only) translation
rights arranged with Jen Jen Publishing Co.,Ltd.
through CREEK & RIVER Co., Ltd.